PEINTRES D'AUJOURD'HUI

—

Les Décorateurs

DU MÊME AUTEUR

POÉSIE

Hymnes Profanes.
Le Départ à l'Aventure.
Le Mirage perpétuel.

CRITIQUE LITTÉRAIRE

Itinéraire Fantaisiste.
Les Voluptueux et les Hommes d'action.

ROMAN

L'Envie.
L'Avarice.
L'Orgueil.

VOYAGE

La Sicile et ses Œuvres d'art (Plon, éditeur).
La Mission de la Littérature Française (Conférences de
    propagande en Orient et en Russie).

CRITIQUE D'ART

Sodoma et la fin de l'École de Sienne au XVIe siècle (avec
    21 illustrations, avril 1910, Floury, édit.).
Mary Cassatt. Un peintre des enfants et des mères (avec
    38 reproductions).
Articles épars.

En préparation :

Les Décorateurs, tome II.

PEINTRES D'AUJOURD'HUI

Les Décorateurs

ALBERT BESNARD — GASTON LA TOUCHE
JULES CHÉRET — PAUL BAUDOÜIN

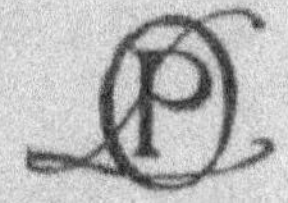

PARIS

Société d'Éditions Littéraires et Artistiques

LIBRAIRIE PAUL OLLENDORFF

5O, CHAUSSÉE D'ANTIN, 5O

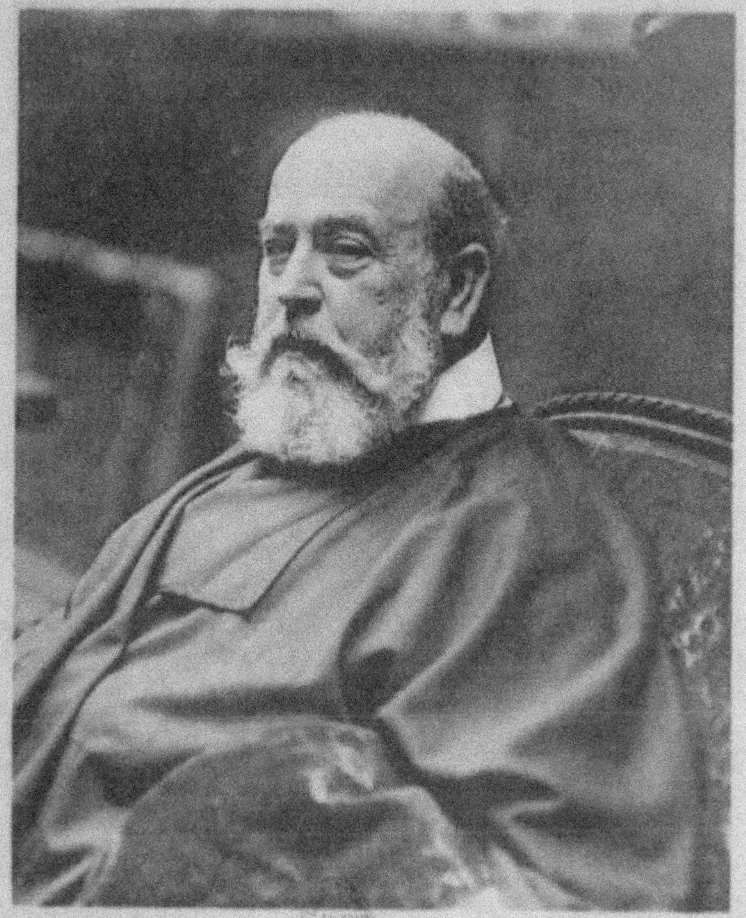

ALBERT BESNARD

ALBERT BESNARD

ALBERT BESNARD

C'est l'un des plus grands noms de la peinture
contemporaine. Peut-être trouverait-on dans chacun des domaines dont se composent les arts
du dessin des artistes qui puissent lui être préférés.
On en trouverait dans le paysage, dans la représentation du nu, dans le portrait, et à peu près dans
tous les genres de peinture de chevalet. Mais Besnard surpasse tous les autres dans le domaine de
la peinture décorative et l'ensemble de son œuvre,
si on l'embrasse d'un regard, donne une impression
grandiose par son abondance heureuse, sa variété,
son style individuel, sa haute tenue, sa verve, sa
délicatesse et sa puissance.

Où trouver un peintre dont les qualités presti-
gieuses d'imagination lyrique s'associent plus
étroitement à une connaissance plus parfaite de

toutes les ressources de son art, à une science plus étendue, à des aspirations plus hautes?

Besnard s'est élevé jusqu'à une conception générale du monde visible. Il a observé. Il a réfléchi. Et peu à peu, par un effort de pensée et par un élan du cœur et de l'imagination, il a reconstruit dans son œuvre, pour son plaisir et pour notre joie, un univers. Envisagée séparément chacune de ses œuvres porte témoignage d'une émotion peut-être passagère, chaque portrait se propose de fixer un caractère, chaque paysage est le reflet d'une vision momentanée, chaque scène de mœurs prise sur le vif atteste une observation, un document humain comparable à ceux que Flaubert aimait à fixer les uns à la suite des autres dans ses calepins innombrables, mais l'œuvre entière — considérée de haut, d'un vaste regard d'ensemble — se présente tout à coup avec l'ampleur et le sérieux d'une vision générale du monde et de l'humanité. Dans ce magnifique ensemble chaque œuvre particulière est un raccourci — déjà saisissant — d'une petite portion de l'univers visible. L'œuvre entière a la magnificence d'une vaste synthèse.

L'unité de cette œuvre, sa grandeur et sa signification profonde nous sont apparues pour la première fois avec une netteté décisive à l'exposition générale que Besnard proposa au jugement des artistes et du public en 1905 dans la galerie Georges Petit. La plupart des objections tombèrent. Les plus réfractaires furent séduits. Les plus hostiles s'apaisèrent. Ce fut une consécration.

Cependant cette exposition était très incomplète. A cette confrontation de tableaux exécutés à toutes les époques d'une vie déjà longue il manquait les peintures décoratives composées pour des espaces déterminés et fixées définitivement dans les édifices dont elles font désormais partie.

Ces peintures décoratives occupent une place capitale dans l'œuvre d'Albert Besnard. Ce sont les grandes synthèses d'émotions et de pensées dont les tableaux de chevalet ne sont que les éléments épars.

*
* *

Pour que Besnard ait pu saisir avec tant d'acuité ces éléments d'analyse et pour qu'il ait pu parvenir jusqu'à ces vastes synthèses, il a été nécessaire qu'il fût doué par la nature de qualités exceptionnelles. C'est un peintre. Il vit par ses yeux. Devant la nature, paysages ou objets, corps lumineux mêlés à ce qui les entoure, animaux, fleuves, ciels ou visages, il éprouve d'abord une sensation vive de forme, de couleur et de mouvement. C'est le propre du peintre. Il voit par taches colorées. Et ces sensations purement visuelles, ces sensations de rétine, en parvenant jusqu'au cerveau par l'intermédiaire d'un réseau nerveux particulièrement sensible, se compliquent d'un désir instinctif et peut-être inconscient d'émulation et presque de rivalité à l'égard des œuvres de nature. Comme tout le monde il subit des émotions, il éprouve des sensations qui ne dépendent ni de sa volonté ni de son libre arbitre, mais au même instant un désir s'émeut en lui de transfigurer ces émotions en les fixant sur une feuille de papier, sur une toile ou sur un mur. Cette façon d'envisager la nature et le monde extérieur, est propre à certaines catégories d'artistes. Ceux qui ne connaissent pas ces émotions, et qui n'éprouvent pas le besoin instinctif de les faire partager à quelques-uns, ne sont pas des peintres. Il est inutile qu'ils s'affublent d'un crayon ou d'un pinceau.

Les qualités ou les défauts personnels à chaque artiste déterminent l'œuvre dès les premiers instants. D'abord un travail d'analyse : se rendre compte du pourquoi de son émotion, comprendre de quels éléments caractéristiques et de quels éléments négligeables se compose le paysage ou la physionomie humaine qui se présente dans la nature, regarder comme à travers un prisme pour décomposer la lumière et se donner les moyens de la recomposer, faire un choix entre les innombrables détails, se soumettre à la nécessité des sacrifices, ne retenir que les caractères principaux, négliger le reste, tendre toute sa volonté, toutes ses facultés à cette interrogation muette et recomposer ensuite sur sa toile — en négligeant tout ce qui n'est pas essentiel — le paysage, l'objet, ou le visage humain.

Répété à l'infini ce travail — où l'inconscient joue un rôle au moins égal à celui de l'intelligence consciente — forme le répertoire inépuisable des études, des esquisses, des notations partielles de toutes sortes. C'est le recueil innombrable d'émotions rapidement transcrites d'où pourront surgir les grandes œuvres si l'artiste peut se hausser jusqu'à une conception plus haute et plus générale que l'observation exacte de la réalité. Faire un tableau c'est aller au delà d'une impression passagère, c'est aller au delà de la réalité première pour atteindre à la vérité seconde plus mystérieuse, plus générale et plus durable. C'est aller au delà de l'analyse pour atteindre à une synthèse, fût-elle partielle. Un tableau se compose de vingt ou trente études faites sur nature. C'est une résultante. C'est un produit. C'est la démonstration d'une vérité plus générale, plus humaine, et qui se rapproche davantage d'une œuvre philosophique. De combien d'études — ou de petits tableaux — se compose le grand tableau de Besnard qui est aujourd'hui au musée de Bruxelles et qui associe à la grâce délicate et un peu pensive d'une figure féminine infiniment jeune la magnificence heureuse d'un lac, d'une montagne, de cygnes indolents et d'architectures subordonnées à tout le reste, voilà ce que je laisse à penser.

Encore n'est-ce qu'un stade dans l'ascension progressive vers les sommets de l'art. Une étude peut être délicieuse. Un tableau peut être grand. Il n'y

a cependant qu'un domaine où puisse se donner
carrière un artiste qui aime les vastes points de
vue, un poète qui a l'ambition de frapper fortement
et pour longtemps les imaginations, un penseur
qui veut trouver une expression plastique à sa conception du monde, un peintre d'imagination, un
philosophe qui veut enfermer dans son œuvre
une opinion générale sur l'Univers qu'il a essayé de
comprendre. C'est le domaine de la peinture décorative. Giotto ou Léonard, Véronèse ou Tintoret ne
sont les égaux de Dante, de Michel-Ange, de
Shakespeare ou de Racine, que par les visions
d'ensemble de leurs œuvres décoratives.

De la petite impression de nature — si délicieuse
qu'elle puisse être — jusqu'à l'ensemble décoratif
de la petite église dell'Arena de Padoue, jusqu'à *la
Cène* du Vinci, jusqu'à la villa Mazère, la chapelle
Sixtine, ou jusqu'au plafond des Doges, il y a une
hiérarchie innombrable, il y a tout un dédale de
chemins presque parallèles, marqués des points
lumineux que sont les chefs-d'œuvre de chevalet éternels et incontestés. Cependant, pour celui
qui voit de haut toute l'histoire de la peinture et
la suite innombrable des chefs-d'œuvre, les œuvres

de musée les plus illustres ne font que jalonner la route vers les grands sommets. Si glorieux qu'ils soient, les peintres laissent quelque chose à désirer, s'ils n'ont pas laissé au moins un de leurs chefs-d'œuvre attaché à un monument, fondu dans une architecture. Même Rembrandt eût été plus grand si les circonstances lui avaient permis de fixer sur les murs d'un monument, symbole de sa race, raccourci de son époque, sa philosophie si profonde, sa sensibilité si tendre, le sens du mystère qui vivait en lui et les prodigieuses qualités de coloriste et d'exécutant qui lui donnent une place si prééminente dans l'histoire de la peinture.

A notre époque si troublée, si désaccordée, si nerveuse, si superficielle à maints points de vue, il n'y a qu'un très petit nombre de décorateurs qui soient dignes de ce nom. Peut-être est-ce parce que le genre ne comporte pas la médiocrité et que les moins compétents saisissent tout de suite la disproportion entre la haute ambition qu'implique une œuvre d'ensemble et les pauvretés trop fréquentes du résultat obtenu.

La peinture décorative exige toutes les qualités de dessin, de composition et de couleur qui sont nécessaires à la peinture de chevalet, mais elle exige aussi très impérieusement de la pensée ou de l'esprit, de la fantaisie ou de la philosophie, du lyrisme, une sorte de sens architectural, le sentiment du rythme particulier à l'édifice en général et à l'espace déterminé en particulier, une subordination à la destination spéciale du lieu, un sens particulier de l'équilibre des masses, l'aptitude à répartir des taches colorées suivant des lois qu'il faut inventer, une exécution particulière, simplifiée, un goût, une ardeur et une fièvre d'exécution constamment en accord avec un plan mûrement réfléchi et des idées d'ensemble longuement méditées.

La grande peinture décorative implique donc d'abord des qualités exclusivement picturales, c'est-à-dire des qualités d'œil, ensuite des qualités d'esprit et notamment une intelligence logique susceptible de conduire à une conclusion des idées générales, par conséquent une culture, enfin des qualités d'imagination, de verve, de rythme entraînant et d'émotion communicative.

Besnard est un décorateur. Il semble que toute sa vie se soit ordonnée pour mériter cet aboutissement. Il a été prix de Rome et il convient de ne pas dédaigner de parti pris les qualités qui peuvent s'acquérir à l'école, mais il ne faut pas non plus les confondre avec les dons de la nature ou de l'instinct. Il a fait à la villa Médicis son séjour réglementaire de quatre années[1], prenant une part normale aux divers exercices ou concours, et s'acquittant régulièrement de ses envois. Il est ensuite entré bravement dans la lutte. C'est à ce moment que l'histoire de son œuvre commence.

Revenu à Paris pour se marier[2], Besnard n'y

[1]. D'octobre 1874 au 29 décembre 1878, Lenepveu étant directeur.

[2]. Le mariage fut célébré en novembre 1880. Albert Besnard est né à Paris, quai Voltaire, le 2 juin 1849. Son père avait fait de la peinture en amateur. La mère d'Albert Besnard était une miniaturiste de talent. Devenue veuve lorsque son fils unique était encore très jeune, elle l'éleva auprès d'elle dans une vieille maison de la rue de l'Abbaye, avec des soins vigilants, discrets et précautionneux. Jusqu'à son départ pour Rome, Besnard resta auprès d'elle, très laborieux, très réservé. Ce fut, selon l'expression de son biographe, M. Frantz Jourdain, « une éducation de jeune fille ». Son maître préféré fut un peintre qui avait été l'élève et l'ami d'Ingres, Brémond. Besnard a, plus tard, consacré à cet artiste une brochure où il lui exprime sa reconnaissance. A seize ans il entra dans l'atelier de Cabanel, le quitta pour l'atelier de Cornu, revint chez Cabanel, fut un élève irré-

demeura pas longtemps. Il partit avec sa femme pour Londres et il y demeura deux ans.

De ce premier séjour de Besnard à Londres il reste dans son atelier un souvenir qui est important parce que cette toile — l'une des plus anciennes qui soient restées en sa possession — peut être considérée comme un point de départ. C'est un intérieur d'église où prient des femmes. On y retrouve les qualités que Besnard avait acquises à l'école. Ce tableau est composé avec symétrie et dessiné avec soin. La vision y est peu pénétrante et la couleur pauvre. Les distributions de lumière sont élémentaires. L'impression générale que donne ce tableau est assez grave et assez belle mais terne, et il est intéressant de noter que dans ses premières œuvres celui qui devait devenir le peintre prestigieux des reflets manque de fantaisie et manque d'éclat. Ce tableau constitue donc un document[1]. C'est, au résumé, une peinture très

gulier, cessa de suivre les cours, et il obtint tout de même, du premier coup, le prix de Rome au concours de 1874. Pendant son séjour à Rome, en 1875, il fut présenté à la fille d'un statuaire français, M. Vital Dubray. Cette jeune fille était un sculpteur de talent. Ils se fiancèrent quelque temps après.

1. C'est aussi un souvenir touchant. Besnard eût aimé à

sage, très sombre, assez scolaire et dans laquelle il n'est guère possible de pressentir l'éclat des œuvres futures. Après quatre ans d'école des Beaux-Arts et quatre ans de Villa Médicis, voilà où en était Albert Besnard.

Peut-être plus d'un jeune peintre, en rapprochant ce sombre tableau du dos de la femme nue [1] si rayonnante, si colorée, si puissante et sur l'épiderme de laquelle la lumière semble se jouer dans la délicatesse inextricable des tons et des reflets s'influençant les uns les autres, sentira-t-il mieux de quelle pauvreté sont partis presque tous les grands

peindre le modèle en pleine lumière ou du moins dans une pénombre pénétrée des reflets de la grande lumière, mais il était à Londres. Le brouillard y était constant. Pourtant, chaque jour, quand le modèle avait accompli ses heures de présence, il réclamait son salaire — et le jeune ménage payait sept shillings, presque dix francs, sans que Besnard ait pu travailler plus d'une heure ou deux. A ce compte-là, pour les ressources du ménage, la dépense devenait trop forte. L'artiste décida qu'il ferait poser son modèle à la lumière artificielle afin de pouvoir travailler d'un bout à l'autre des heures de séance. C'est donc par raison d'économie que cet intérieur d'église, qui date de 1881, se trouve éclairé par la lumière du gaz.

1. Musée du Luxembourg. Datée de 1887.

artistes et quels progrès ils ont dû réaliser par un
travail persévérant.

LA PROCESSION DE VAUHALLAN

Deux peintures intitulées : *La Procession de
Vauhallan*[1] sont le premier essai décoratif
d'Albert Besnard. Elles datent de 1869. Il avait
vingt ans. Il eut l'idée de les exécuter pour la petite
église de Vauhallan, près d'Orsay, en Seine-et-Oise.
Bien que les personnages debout et pressés les
uns contre les autres manquent de variété dans
les mouvements et dans les attitudes, bien que la
coloration en soit sourde et que les teintes sombres rappellent assez fâcheusement l'enseignement de l'École, des qualités importantes s'y
révèlent : l'ordre, une certaine liberté, de l'élégance dans le dessin, notamment dans l'indication de l'un des chevaux gris clair, une sensibilité assez fine dans la vision, une science déjà
grande dans la façon de grouper les masses et de

1. Réexposées en 1913 à la galerie Manzi.

les faire vivre, une certaine puissance de coloris notamment dans les rouges qui sont à la fois onctueux et puissants, de la délicatesse dans le modelé des visages, de la grâce dans la silhouette de jeune fille bleu vert, sorte d'Ophélie gracile, enfin de l'émotion dans l'expression des physionomies[1]. Ce n'est pas encore de l'art décoratif malgré le sujet et malgré les dimensions relativement vastes de ces deux panneaux. Ce ne sont que des tableaux d'école, mais étonnants et exceptionnellement pleins de promesses. Les accords du sol vert, du ciel verdâtre, des vêtements sombres, des rouges mats et de certains bleus verts de la robe de la jeune fille ou des gris verdâtres de la ville fortifiée du panneau où se trouve le cheval dont le dessin est déjà éloquent[2], sont d'un accent personnel.

Du séjour à Londres date le second essai de

[1]. On y retrouve les portraits de l'auteur et de quelques-uns de ses amis.

[2]. A toutes les époques de sa carrière, Besnard a peint des chevaux admirables. Dans ses peintures décoratives il a tiré, de ce motif de nature, des variations innombrables et presque toujours lyriques. Dans son hôtel de la rue Guillaume-Tell, jadis, le box du cheval favori s'ouvrait par un « regard » sur l'atelier de l'artiste.

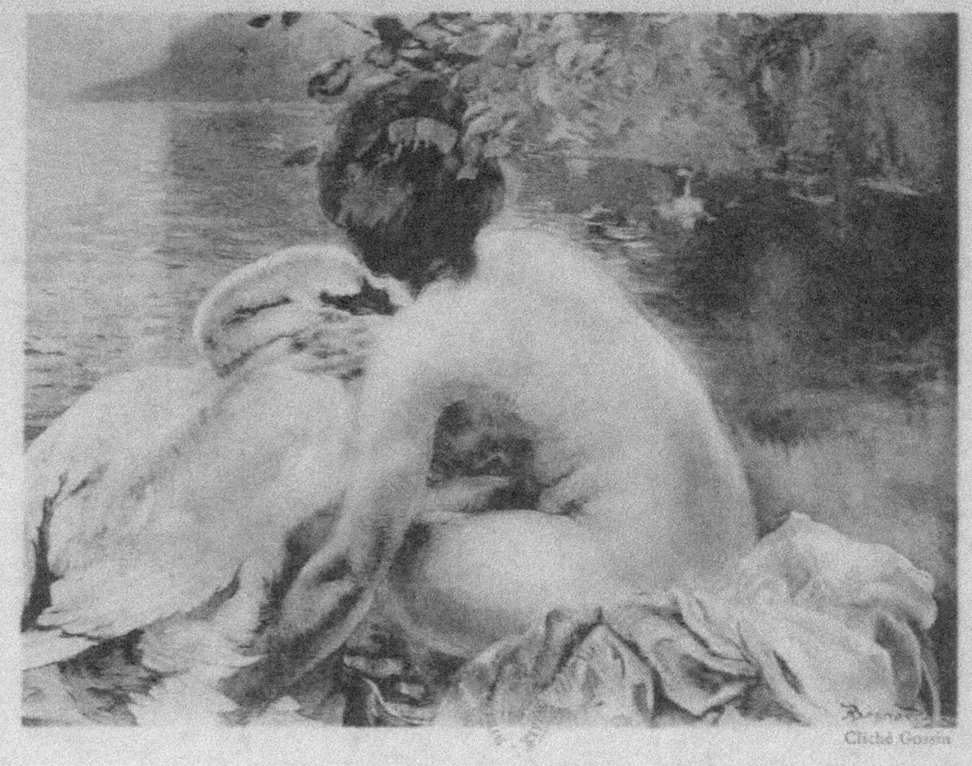

LA FEMME AU CYGNE

décoration qu'ait fait Albert Besnard. Elle doit être aujourd'hui encore dans une petite église du comté de Stafford. Elle se compose de deux peintures : *L'Ascension* et *Jésus et la Samaritaine*, dont Besnard nous a montré le carton original à l'exposition de 1910 au Pavillon de Marsan[1]. L'exécution est d'un accent moderne. Le « Prix de Rome » voulait se libérer de l'emprise académique. Cependant cette *Samaritaine* paraît avoir été dénuée de la faculté de penser et le Christ très ascétique ne laisse pas d'être un peu ennuyeux.

De ce second essai nous retiendrons surtout l'indication qu'il nous donne sur le tempérament de l'artiste. Dès le début de sa carrière il se sentait entraîné vers la peinture décorative. Comme il n'était honoré d'aucune commande, il se commanda à lui-même — bien qu'il fût pauvre — des œuvres décoratives. Ainsi toujours se manifestent dès l'adolescence[2] les impulsions instinctives qui gouverneront toute la vie.

1. A cette exposition, se trouvaient aussi les esquisses de « Trois Musiciennes » faites en vue d'un plafond pendant le même séjour en Angleterre.

2. Pendant son séjour à la villa Médicis Besnard entreprit

Cependant il n'y a aucune comparaison à établir entre ces deux premiers essais et les cinq panneaux destinés à l'Ecole de pharmacie que le Ministre des Beaux-Arts demanda à Besnard en 1882. C'était la première commande. Besnard se mit au travail avec ardeur. Il conçut l'ensemble de son sujet en accord avec les murs qu'on lui confiait, avec la destination de l'édifice et il exécuta rapidement. Le résultat dépassa toutes les espérances.

L'ÉCOLE DE PHARMACIE

Cette œuvre est célèbre. Elle a bénéficié de l'étonnement qu'elle suscita quand elle fut exposée au Salon de 1884. Elle a bénéficié aussi de

une vaste frise décorative destinée au Palais Farnèse. Le sujet imposé de son concours de Rome avait été : « La Mort de Timophane tyran de Corinthe ». Ses envois de Rome avaient été *la Source*, tableau noir qu'il détruisit plus tard, *Saint Benoît ressuscitant un enfant* — *l'Entrée de François Ier à Bologne après Marignan* — *et la Défaite*, qui se trouve aujourd'hui au Musée de Nîmes et qui représente une ville en flammes et des fuyards. Tous ces tableaux étaient scolaires et très sombres.

la gloire grandissante du peintre à mesure qu'il avançait en âge et augmentait progressivement le nombre de ses œuvres importantes. Elle marque une date. Beaucoup se la rappellent avec une sympathie particulière parce qu'elle fut l'occasion de discussions passionnées. Quelques-uns l'aiment d'autant mieux qu'ils furent ou qu'ils se figurent avoir été de ses premiers défenseurs. On reprochait à l'auteur son réalisme, le manque de noblesse de ses sujets, la vulgarité de ses personnages, la tonalité trop claire de ses compositions, la conception personnelle qu'il s'était faite du rôle des ombres et des jeux de lumière, le manque de consistance de ses figures, et le je ne sais quoi de révolutionnaire qui l'apparentait aux impressionnistes alors encore en butte à tous les dédains des membres de l'Institut et des professeurs de l'École des Beaux-Arts. On lui faisait grief de rompre avec la tradition. Sa qualité d'ancien prix de Rome faisait de lui une sorte de renégat. On lui opposait sur tous les tons — sans en excepter l'ironie ou l'injure — la noblesse du grand art traditionnel dont les représentants les plus autorisés étaient alors Meissonier, Bouguereau et Lenepveu.

Besnard trouvait par contre un peu partout des défenseurs passionnés. Beaucoup criaient au chef-d'œuvre. Les mêmes querelles ardentes, les mêmes invectives qui devaient se produire en 1886, à propos du fameux portrait de Mme Roger Jourdain, passionnaient les milieux artistiques. Aujourd'hui encore beaucoup de ceux qui prirent parti à cette époque en faveur d'Albert Besnard déclarent que le peintre ne s'est pas dépassé et ils considèrent comme son chef-d'œuvre la décoration de l'École de Pharmacie.

Nous estimons, nous, qu'il y a lieu de faire des distinctions fondamentales entre les divers éléments dont se compose cette suite de peintures et nous pensons que Besnard, au cours de sa carrière, s'est à plusieurs reprises élevé beaucoup plus haut.

Dans le portique de l'École de Pharmacie l'espace susceptible de recevoir des peintures se compose de cinq panneaux placés les uns en face des autres à l'entrée du portique et de quatre autres espaces à l'autre extrémité de cette voûte. Des fenêtres percées de droite et de gauche, le long de ce large couloir, laissent au-dessous d'elles des espaces qui pouvaient aussi se prêter à recevoir des peintures. Une vaste porte de bois occupe toute la largeur à l'entrée et une vaste verrière sur le mur du fond limitent l'emplacement.

Besnard avait d'abord pensé à représenter sur ces murs les allégories des diverses sciences qu'on enseigne dans cette école. Peut-être une entreprise aussi difficile était-elle encore au-dessus de ses forces. Le plafond des Sciences à l'Hôtel de Ville et l'amphithéâtre de Chimie à la Sorbonne nous montrent dans cet ordre d'idées à quoi il pouvait parvenir. On n'imagine guère cependant, que de telles œuvres aient pu être conçues et exécutées par un jeune homme. Ce sont des sujets qui exigent de la maturité. Peut-être Besnard eut-il raison de se défier de lui-même. Peut-être aussi estima-t-il que la surface relativement restreinte de chacun de ces six panneaux ne se prê.ait pas à l'interprétation lyrique de ces grands symboles. Quoi qu'il en soit, ce fut un projet de décoration plus réaliste et par conséquent beaucoup moins lyrique qui l'emporta dans son esprit.

Pour les cinq panneaux qui lui furent commandés en 1882 il décida de peindre : *la Maladie, la Convalescence, la Cueillette des simples, le Traitement des simples, le Laboratoire.*

Pour les quatre panneaux dont il reçut la commande en 1887, il se donna pour sujet *la Promenade géologique, la Promenade botanique, la Leçon de chimie* et *l'Amphithéâtre.*

Pour les huit petits panneaux intermédiaires du couloir vitré, il peignit d'un côté des paysages avec des animaux de la préhistoire et l'Homme préhistorique, de l'autre côté des paysages d'aujourd'hui et l'Homme moderne.

Essayons de nous rendre compte des qualités et des défauts de ce premier ensemble d'art décoratif.

La Maladie est datée de 1884. Ce panneau représente une jeune malade pâle, exsangue, demi-relevée sur ses oreillers, la tête retombant de tout son poids sur la poitrine, le corps extrêmement amaigri se perdant sous les couvertures du lit, tandis qu'une femme du peuple — sans doute la mère — s'élance pour la soutenir d'un grand élan affectueux et qu'un médecin à cheveux blancs soutenant de la main gauche la malade sous ses oreillers tend la main droite vers une potion qu'une jeune servante lui prépare.

Bien que le panneau, assez étroit, ne soit guère plus haut que le double d'une taille d'homme, les quatre personnages sont à peu près de grandeur naturelle. Les trois personnages principaux sont groupés autour du lit qui occupe un peu plus de la moitié de l'espace concédé au peintre. Cependant, à cause de l'habileté extrême de la composition, il reste autour de la scène dramatique placée au chevet de la malade beaucoup d'espace, beaucoup de lumière, beaucoup d'air et de quoi donner une importance significative à des accessoires tels que la chaise de paille sur laquelle on a posé une cuvette de grès avec un coin de serviette, une horloge avec son pendule et son poids qui contribue à nous faire sentir le prix des minutes en un pareil moment, et enfin un grand rideau rouge rose suspendu à la tête du lit et susceptible, en se repliant, d'isoler le lit de la malade et de tamiser la lumière.

Du point de vue couleur ce rideau a un rôle important. Il réchauffe les gris des pauvres grands murs nus, il fait valoir les noirs grisés et chatoyants de la redingote du docteur, il s'accorde avec les bruns chaleureux mêlés de jaune des vêtements de la femme du peuple penchée sur ce lit de douleur et qu'on voit de dos mais dans toute son ampleur. On la devine emportée par un grand élan maternel. Ce rouge enfin se raccorde avec le brun foncé du panneau de bois du lit qui occupe, au premier plan, une surface très importante. Ces deux tonalités renferment la scène, forcent le spectateur à reporter sur le sujet principal toute son attention.

Avoir laissé couper par la colonne de pierre blanche, dans toute sa longueur, le corps de la jeune servante debout qui, d'un geste attentif et juvénile, verse dans une éprouvette le contenu d'une bouteille de pharmacie passait encore — en 1884 — pour une audace inadmissible et presque un défi à l'art académique. Le résultat justifie cette audace. Le gris du corsage, le bleu du tablier et le brun rouge de la jupe dans cette silhouette de jeune fille debout, contribuent comme le rideau à enfermer la scène et laissent se reporter sur le groupe principal tout l'intérêt dramatique.

L'effet général est poignant. Ce pauvre petit corps frêle de jeune malade est douloureux et touchant. Toute la pitié du peintre pour la douleur humaine s'y exprime avec une intensité qu'il n'a

jamais dépassée. Le mouvement est sobre et juste.
Il est si manifeste que cette malade s'écroulerait
si on ne la soutenait pas, que nous éprouvons un
obscur désir de nous élancer nous-même à son
secours. L'élan de cette femme du peuple, c'est la
projection de nos sentiments de pitié affectueuse.
On ne voit point son visage, mais on le sent bou-
leversé d'une émotion tragique. Elle symbolise
tout ce qu'il y a dans l'humanité de bonté, de désir
d'aide réciproque, de charité affectueuse et de
solidarité devant la Douleur.

Le Docteur est vu de face. C'est un visage où
l'étude, la méditation, la douceur grave et la bonté
ont laissé leur empreinte visible. Le front est lumineux. Les yeux reflètent une concentration de
pensée. L'expression de la physionomie est attentive et anxieuse. Cette incarnation d'un sentiment dépasse les limites d'une personnalité particulière. Ce n'est pas tel ou tel médecin (que
nous importe le nom de celui qui a posé ?) c'est
« le Médecin » dans tout ce que ce mot comporte de général et d'absolu. C'est une suggestion précise de toutes les qualités que ce mot dans
le sens idéal implique : qualités de science, de

dévouement, de bonté attendrie, de présence réconfortante et d'intervention personnelle. Ce visage, ce corps en mouvement et ce geste ont l'ampleur d'un symbole général.

Et par quels heureux moyens exclusivement picturaux, cette impression psychologique nous est suggérée et imposée! Pas trace de littérature. Pas d'intention, ni d'indication qui ne soit du domaine propre de la peinture. On sent une émotion visuelle vivifiée par une émotion sentimentale. Le dessin est d'une liberté, d'une ampleur, d'une élégance, d'une justesse et d'un style dignes des grands maîtres. Les taches de couleurs sont vues par grandes masses. Elles sont sobres, justes, chaleureuses, graduées et dégradées avec délicatesse et avec puissance pour conduire le regard du spectateur au centre optique du tableau et le reconduire jusqu'aux limites de la toile sans que cesse le contact et pour ainsi dire la prise de possession.

Cela est exact en ce sens que les personnages ont été vus et qu'on sent que le peintre s'est soumis à la réalité. Mais l'œuvre est d'une vérité bien plus générale que n'a pu l'être toute vision particulière saisie au passage sur nature dans un hôpital ou dans

une maison de malade. La transposition laisse la
scène toute proche de la réalité, mais elle la géné-
ralise, l'élève, l'amplifie et l'intensifie. L'artiste
rassemble son sujet et il en tire un enseignement
moral. C'est un exemple de sacrifice, que l'artiste
nous propose, c'est une leçon de bonté, de douceur et de dévouement éclairé. Il nous communique
son élan de pitié pour la pauvre créature humaine,
si faible, et il suggère silencieusement et magnifiquement, en l'honneur de tous les beaux sentiments
qui relèvent et ennoblissent à nos yeux l'humanité, une sorte de magnificat.

Cette peinture est d'un réaliste — parce que le
motif a été pris directement sur nature — mais
c'est aussi d'un idéaliste, puisque l'œuvre nous
représente la nature telle que nous aimerions qu'elle
fût. Elle est d'un philosophe qui sait dégager de
nos pauvres sentiments humains ce qu'ils peuvent
avoir de général, et elle est d'un optimiste,
puisque même dans la maladie et dans la douleur
il ne veut voir que l'espérance et la beauté du
dévouement. Elle est enfin et surtout d'un grand
artiste, parce qu'il a su exprimer tous ces sentiments par des lignes et des couleurs disposées

selon l'ordre le plus harmonieux, avec un souci très net de vérité individuelle.

Je ne vois pas une critique à faire. Les volumes sont justes. La sensation de consistance et de poids existe. La gamme des couleurs est magnifique et riche. Le dessin est généreux, élégant et expressif. C'est, à l'évidence, de la peinture décorative par sa conception générale et par son exécution entièrement subordonnée à sa destination. La peinture a été faite pour un emplacement déterminé. Elle fait corps avec le mur. On sent qu'il est impossible de l'en détacher sans mutiler ce mur et sans priver la toile elle-même d'une grande partie de sa beauté.

La Convalescence, datée du même millésime, est presque aussi belle. Parmi les premières touches de verdure d'un printemps nouveau se détache sur la pente d'une colline heureuse, toute parsemée de petites maisons familiales, la convalescente qui s'avance encore très faible, soutenue d'un côté par sa mère aux bras étendus, d'un autre côté par une de ses compagnes. Devant elle une bambine, les bras étendus, crie de joie en la revoyant. Elle marche comme dans un rêve. Les yeux encore vagues s'ouvrent de nouveau à la vie extérieure. Un pâle sourire détend et illumine sa pâleur.

Moins tragique, moins poignante que la *Maladie*, cette *Convalescence* est cependant d'une douceur infiniment émouvante. C'est un des tableaux les plus touchants qu'on puisse voir. Il nous fait sentir tout ce qui s'éveille de jeune, de pur et de vibratile dans une âme qui renaît à la vie, dans un corps qui à chacune de ces aspirations respire un peu plus de force. La bonté affectueuse de celles qui soutiennent la jeune fille émeut chez nous un écho silencieux et profond. La gentillesse de l'enfant qui pousse un cri et tend les bras nous arrache un sourire ému.

Et ce n'est pas moins bien peint. Les taches individuelles du costume de chacune des trois femmes du groupe principal : noir pénétré de lumière, brun lie-de-vin, et gris pénétré de blanc chantent avec douceur et avec force un accord parfait soutenu en sourdine par les gris et les verts du village à flanc de coteau qui s'étale sur la pente. On sent la présence du soleil très pâle et très doux, mais qui jette çà et là des taches heureuses. Les ombres sont d'une

finesse extrême, transparentes, d'une justesse parfaite, tout vit, tout renaît, tout chante le renouveau.
C'est un coin de vie heureuse, à peine attristé par
le souvenir de la maladie. C'est le sourire encore
pénétré d'une vague souffrance. On sent l'aube et
le soleil qui succèdent aux nuits douloureuses.

Malgré toutes ces qualités, pourquoi ce second
panneau est-il moins beau que le premier? parce
que la leçon qu'il nous propose est moins haute,
moins générale, parce que le symbole en est moins
profond, parce que la qualité des sentiments exprimés est moins précieuse et moins rare.

Il faut bien que nous fassions ces distinctions si
nous voulons aimer avec discernement. A qualités
égales de peinture proprement dite, le tableau qui
éveille en nous les sentiments les plus profonds,
celui qui nous donne par les moyens qui lui sont
propres, la leçon la plus profitable, la plus réconfortante, celui qui stimule en nous les forces d'héroïsme et de bonté agissante est — sans conteste —
d'une qualité plus haute que ceux qui ne font
appel dans notre âme qu'à des émotions d'ordre
moins élevé. Si prodigieuse que soit la *Bethsabée* de
Rembrandt, *Les Pèlerins d'Emmaüs*, dans l'œuvre

du même artiste, lui sont tout de même supérieurs.

Entre *la Maladie* et *la Convalescence*, il n'y a que peu de chose qui permette d'établir une hiérarchie. Les deux œuvres sont aussi bien conçues, aussi bien peintes, aussi étroitement et magnifiquement décoratives. Toutes deux sont d'une qualité d'émotion très haute, très pure, très humaine et très générale. Cependant la qualité de cette émotion est plus riche et plus rare dans *la Maladie*. Il n'y a dans la convalescente qu'un seul sentiment : la joie de renaître, le plaisir de revivre, l'hymne tacite de reconnaissance de la créature à qui est accordée la grâce de reprendre contact avec la beauté des choses...

Dans *la Maladie*, au contraire, on sent la pitié humaine, l'élan d'amour, le désir du dévouement, la glorification de l'esprit de sacrifice, le sentiment de la beauté morale, la transfiguration de toute la vie et de toute la nature si on les envisage d'un point de vue altruiste et de générosité agissante.

En vertu du même critérium, je place bien au-dessous de ces deux chefs-d'œuvre les trois panneaux qui leur font face. Ils sont datés de 1885.

Ils ont pour titre : *La Cueillette des simples, leur Préparation* et *le Laboratoire*.

Ce sont trois belles peintures, très claires, très lumineuses, parfaitement adaptées à leur destination, d'un très beau dessin et d'une couleur délicate. Cependant leur signification ne va guère au delà du sujet qu'elles représentent et ce sujet est d'un intérêt assez restreint. Ici, en un paysage de printemps où la verdure domine, des jeunes filles coupent ou cueillent des plantes; là, sous le même ciel bleu et gris, elles les font sécher. Dans le troisième panneau un homme jeune en tablier de travail est représenté devant son fourneau de laboratoire, tandis que par la grande porte vitrée, des hommes arrivent portant sur leur dos des hottes d'herbes sèches et que, derrière eux, se développe un vaste paysage avec des petites maisons à toits rouges ponctuées de verdure sous un ciel d'un bleu charmant.

La composition — encore que très harmonieuse — est beaucoup moins riche. Des silhouettes et des profils perdus dans « la cueillette » ne nous permettent pas d'établir une comparaison avec les visages expressifs et le caractère des attitudes

des œuvres précédentes. Ces personnes se livrent
à un travail matériel dans un beau paysage. On ne
sent pas qu'une pensée avive ces gestes ni ces
paysages.

Tout au plus, dans *le Laboratoire*, à cause du contraste entre ce travailleur solitaire et la petite ville
toute proche qui ne se doute pas de l'œuvre de
protection qu'il poursuit en sa faveur, sent-on je ne
sais quoi de plus général et de plus touchant. On
devine plus qu'on ne constate une opposition entre
le travail individuel d'un solitaire qui se dévoue
sans préoccupation de salaire à l'intérêt de la com-
munauté, et le calme paisible de la petite ville qui
n'y prête aucune attention. Mais, si le peintre a eu
l'intention de marquer ce contraste et d'en tirer
une leçon, reconnaissons que l'artiste n'a pas trouvé
le moyen de l'exprimer d'une manière dramatique et
saisissante. Il n'a pas approfondi son sujet et il
s'en est tenu à une émotion visuelle. Le visage
de ce jeune homme est peu caractéristique.
Le contraste entre le travail intellectuel du prépa-
rateur et le travail matériel des porteurs paraît
être passé à peu près inaperçu de l'artiste. Ces
personnages ne sont que des êtres humains qui

font les gestes de leur profession. Il se peut qu'ils pensent à autre chose.

Ce qu'il y a de plus général dans ces trois tableaux, c'est l'impression de nature en accord avec le travail humain. L'air et la lumière sont printaniers. Le coloris est d'une grande fraîcheur. J'aime ces costumes modernes si parfaitement fondus dans le décor éternel de la nature. L'artiste leur confère une dignité, une noblesse. Mais il m'est impossible de ne pas constater que ces trois peintures ne nous offrent qu'une leçon assez superficielle d'harmonie et de beauté. Elles ne sont pas empreintes d'une émotion profonde. Elles n'ont pas de puissance rayonnante dans la réalité seconde. Ce qu'elles nous suggèrent est très limité. Ce sont de belles impressions transcrites par un bel artiste.

Datées de 1888, *la Leçon de Botanique* et *la Leçon de Géologie* sont, elles aussi, d'un intérêt limité au sujet qu'elles représentent.

Il n'est plus question de grands sentiments. D'un côté, ce sont des jeunes gens groupés autour d'un vieillard sur un terrain dépouillé par l'automne, au pied de quelques troncs d'arbre, qui examinent des plantes ou des brindilles. En face, d'autres jeunes gens sur un terrain rocailleux ramassent des pierres et les examinent.

Le dessin a trop d'ampleur, le mouvement des personnages est trop juste, le coloris est trop fin et trop riche dans sa sobriété pour qu'il y ait dans ces compositions de la petitesse et surtout de la mesquinerie, mais le sentiment est très restreint. Ce sont des jeunes gens qui s'instruisent en regardant des pierres ou des plantes. Cela suffit pour que nous nous y intéressions un instant. Nous admirons les formes, la gamme chaleureuse des gris, l'arabesque amusante de la composition, mais nous n'éprouvons pas la nécessité de regarder longtemps, de réfléchir et de revenir souvent pour trouver d'autres raisons d'admirer.

Il y a enfin dans cet ensemble deux peintures qui sont manquées. Elles sont de la même année 1888. Toutes les deux représentent un professeur habillé de noir, faisant sa leçon, debout, devant des bancs en amphithéâtre sur lesquels sont assis çà et là des étudiants.

Je crois deviner que le peintre a eu l'intention de

nous faire sentir le travail cérébral du professeur qui pense et qui explique, l'effort d'attention des jeunes gens qui écoutent, le fluide insaisissable qui unit étroitement les unes aux autres ces intelligences que les mots mettent directement en communication. Je crois deviner qu'il aurait voulu saisir et rendre sensible l'atmosphère si particulière des salles où l'on pense en commun. Mais il me faut reconnaître que son effort a été vain. Dans *la Leçon de chimie* nous voyons un beau visage grave d'homme de pensée surmontant une belle redingote noire, mais les indications d'auditeurs sont insuffisantes. Il faut se donner beaucoup de peine pour distinguer que leurs attitudes expriment l'attention et il est inutile d'interroger leurs visages. Ce sont des ébauches rapides, des indications sommaires.

Dans *l'Amphithéâtre* on ne voit que des bancs et des dos en demi-cercle devant un vaste tableau noir sur lequel se détache une silhouette de poupée en bois qui fait un geste de professeur. Ce n'est presque rien. En tous cas c'est trop peu.

Parmi les huit peintures du couloir vitré il y a

deux beaux paysages modernes, et un troisième presque insignifiant. Leur faisant face trois paysages préhistoriques font un cadre tantôt à un groupe de chevaux sauvages, tantôt à des éléphants primitifs vraiment énormes et magnifiques, plus loin à des plésiosaures, quadrupèdes marins demi-chimériques à cols de girafe et têtes de reptile. Quoique sommaires deux ou trois de ces peintures sont cependant saisissantes. Les apparitions d'animaux préhistoriques notamment ont quelque chose de fantastique.

D'un intérêt plus général est *l'Homme primitif* à face encore simiesque, accroupi au bord de l'eau dans un paysage lacustre tout pénétré des reflets du ciel bleu, tandis que la femme [1] et l'enfant enfoncés dans l'eau jusqu'aux genoux poursuivent la capture de quelque poisson. Des mammouths

---

1. Signalons ici les déprédations dont ces peintures ont été victimes. Crayonnages, inscriptions et grattages sont, pour les élèves de l'École de Pharmacie, une honte qui les devrait faire rougir. Le nu si chaste de cette femme primitive a été déshonoré. Des réparations importantes sont, dès maintenant, nécessaires. Il est juste d'ailleurs d'ajouter que, par endroits, c'est la peinture elle-même qui s'est écaillée ou abîmée.

apparaissent au loin. Le toit d'une hutte de feuillages est indiqué au premier plan.

Exactement en face de cette évocation de l'âge le plus lointain, Besnard a représenté *l'Homme moderne*. Cette petite peinture est infiniment supérieure aux sept autres de même dimension. Elle représente un homme en vêtements modernes assis sur l'appui d'un balcon et adossé à une colonnette. Du bout des doigts de sa main qui retombe il tient le livre qu'il vient de fermer. Ses yeux sont presque fermés. Il médite. Deux enfants assis auprès de lui le regardent et semblent personnifier les joies du foyer. Derrière la fenêtre on distingue un jeune homme, sans doute son fils, courbé sur une table de travail et, le front dans les mains, penché sur un livre. A la droite du balcon un paysage maritime et industriel se développe jusqu'à l'horizon. C'est — en opposition avec la vie intérieure — tout le tumulte de la vie contemporaine. Ce port est commercial. Le long de la jetée un gros vapeur bien chargé se hâte. Voici un phare, des grues, un échafaudage, plus loin des docks, des rues et une cheminée d'usine. C'est l'enchevêtrement des efforts et des intérêts humains. On sent tout le travail d'un peuple qui aboutit à ce port et qui — par les navires — prolonge son effort au delà des mers. L'homme n'a pas besoin de regarder ces preuves du travail universel. Il les sent. Les yeux baissés il poursuit sa méditation, attentif à sa vie intérieure, et l'on se demande s'il ne balance pas, dans sa conscience, entre ces deux sollicitations : l'amour paisible au foyer de famille, l'agitation tumultueuse et la poursuite de l'or dans les rumeurs de la vie active...

Les deux images sont assez belles pour que chacun de nous puisse choisir l'un ou l'autre des deux partis. C'est l'éternelle opposition entre Marthe et Marie, entre l'action et la contemplation. Ce visage pensif qui hésite sur la décision à prendre, c'est notre propre image à telle ou telle heure de notre existence. L'œuvre est d'une portée bien plus haute que *l'Amphithéâtre* ou *la Leçon de Chimie*. La gravité du sentiment a retenu le pinceau et l'a forcé à se discipliner lui-même. Un je ne sais quoi de réfléchi donne au dessin et à la couleur quelque chose de plus précis et de plus serré. En peignant ce tableau Besnard n'a pas fait seulement œuvre de peinture — au sens purement usuel du mot — il nous a livré une part importante de sa pensée et de son cœur. Il s'est haussé jusqu'à une vision partielle de l'univers et il a subordonné ses grandes qualités de dessinateur et de coloriste au désir de suggérer une pensée et une émotion. Au delà de la réalité immédiate — avec laquelle il ne perd pas le contact — il nous entraîne dans une atmosphère intellectuelle et sentimentale. Il rivalise avec les grands maîtres du passé.

Or, soutenu par son ambition, de même que dans *la Maladie* et *la Convalescence*, il a peint avec plus de puissance, plus de précision et plus de force. La conclusion est à retenir. Il n'y a de grandes œuvres décoratives que celles qui visent à exprimer de grands sentiments généraux.

En dernière analyse ces peintures de l'École de Pharmacie, si célèbres qu'elles soient, se présentent à nos yeux comme un ensemble composé d'œuvres très inégales. Besnard était encore très jeune. Il a commencé par *la Maladie* et *la Convalescence* et il a travaillé dans le recueillement et la joie. Mais il n'a pas pu se maintenir aux sommets que, du premier coup, il avait atteints. Peut-être n'était-il

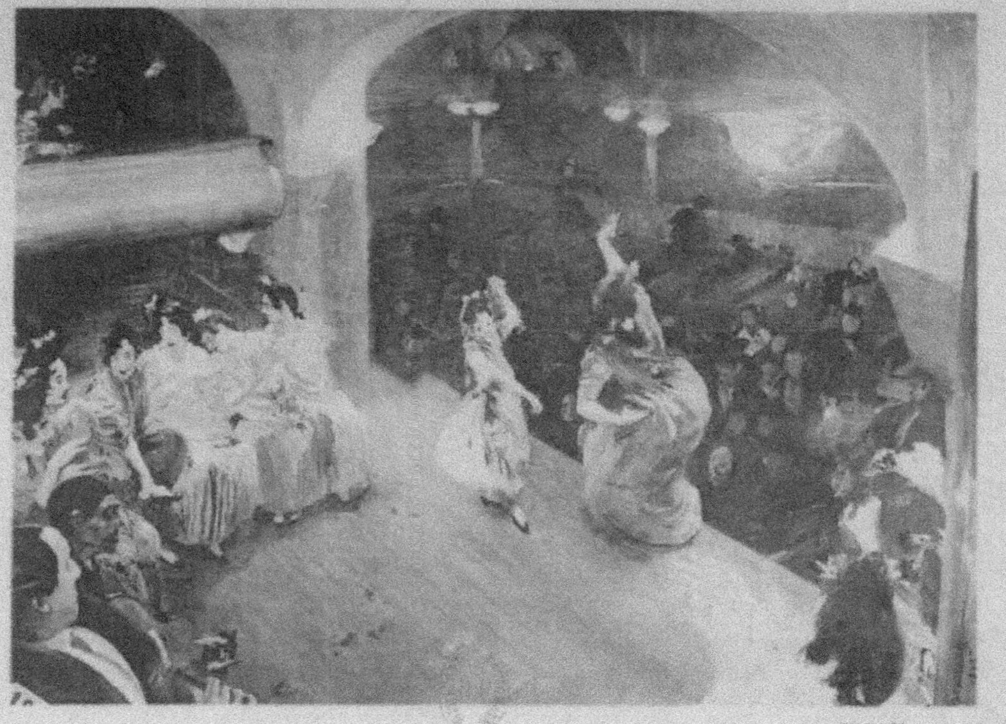

Cliché Moreau

LA MAISON DE DANSE

pas encore capable d'un long effort. Peut-être aussi s'est-il laissé enivrer momentanément par le succès ou s'est-il laissé distraire par d'autres travaux. Il n'a pas pu enfermer dans chacune de ces peintures la même concentration de pensée, ni la même intensité d'émotion.

Il nous est permis d'en conclure que Besnard est un artiste nerveux, impressionnable, inégal, susceptible à certaines heures d'une grande puissance d'émotion ou de pensée, mais enclin à l'improvisation... et il se peut que dans tout le cours de sa carrière — et notamment dans ses œuvres décoratives — nous sentions se combattre et parfois se concilier ces deux tendances contradictoires...

LA MAIRIE DU 1ᵉʳ ARRONDISSEMENT

La décoration de cette salle des mariages se compose de trois grandes toiles marouflées sur le mur. Face aux sièges du public est placé *le Soir de la Vie*.

La composition épouse étroitement la forme demi-sphérique de la voussure du panneau. Cependant les lignes rigides et certains angles droits (si rares dans l'œuvre de Besnard) donnent à l'ensemble une grande sévérité [1].

Le tableau représente deux vieillards — le mari et la femme — assis au seuil de leur maison et qui contemplent avec plus de sérénité que de tristesse un paysage d'hiver tandis que derrière eux une jeune mère porte triomphalement dans les bras l'enfant qui symbolise pour elle, pour les grands parents et pour tous, l'espoir de la race et le gage d'éternelle survie.

La gamme de couleur se compose d'un fond gris bleuté sur lequel se détachent avec douceur le jupon rose très effacé de la jeune mère, le pantalon gris bleu du vieillard et la grande mante noire de l'aïeule. Il se peut que la peinture ait noirci. Nous avions gardé le souvenir d'un coloris plus chaleureux. Cependant la gravité du sujet s'accorde avec

1. Il est dommage que l'œuvre décorative des architectes — dans ces salles de séances, ou ces salles de fêtes — soit toujours si pauvre. Ici le plafond à caissons peints d'après des motifs de feuillage et de fleurettes et une cheminée à cariatides forme, avec des pilastres, demi-colonnes et frontons au-dessus des portes, un ensemble pseudo-classique moins rebutant que de coutume.

ces tonalités un peu sourdes. Il y a dans cette peinture de la mélancolie, de la résignation et de la foi en l'avenir. C'est — d'un point de vue élevé — l'expression d'un sentiment général sur le groupe familial. Cette peinture nous conseille de restreindre notre bonheur aux joies essentielles, de nous contenter de peu (c'est ce que nous suggère la petite maison posée sur le sol patrimonial et le caractère des vêtements de travail), de nous résigner aux renonciations nécessaires à mesure que nous retournons — d'âge en âge, — au néant originaire, et nous engage à reporter sur l'enfant, gage de pérennité, notre amour de la vie et notre désir de survie. Il y a quelque chose de triomphal et d'infiniment touchant dans le geste de la jeune mère qui nous montre son nourrisson. C'est l'enfant,

> Perle sans prix, sang vierge et chair nacrée
> Où l'espérance des ancêtres s'est ancrée,
> Par qui, malgré la mort, nous sommes renaissants ! [1]

La deuxième composition, face aux fenêtres, représente la maturité de l'âge viril et le travail des champs.

[1]. Pierre Turpin. — Sonnets.

Auprès d'une vaste meule d'un jaune grisé, deux grands chevaux gris sont au repos mais respirent le mouvement. A notre gauche, un jeune homme en pantalon bleuté passe à l'un d'eux un collier. Il a le torse nu et le geste est viril et harmonieux. A notre droite une jeune mère, nue jusqu'à la ceinture, nous montre sans fausse pudeur ses deux seins maternels. Elle est vêtue d'une jupe rouge. Elle porte dans le pli de son bras gauche un enfant d'un beau dessin. Derrière elle un garçonnet mord dans une miche de pain et une jeune fille au torse nu, avec une jupe d'un violet très doux, nous tourne le dos et arrange des gerbes. L'ensemble est très fin et pourtant très ample. Dans cette figure de jeune fille il y a comme une réminiscence de Puvis de Chavannes, mais la personnalité de Besnard donne à tout un accent nouveau. Le dessin est libre, la composition est éminemment décorative, le modelé est juste et fin, enfin on sent partout répandu un frémissement de vie, un désir de mouvement, un réalisme de bon aloi et un besoin de se retremper constamment dans les réalités de la vie quotidienne telle que nous la voyons autour de nous.

La conception décorative de Puvis de Chavannes transposait, bien au delà de la réalité
moderne, dans le domaine du sentiment et du
rêve, dans le calme paradisiaque des Champs-
Elysées éternels, des figures si ennoblies et si
magnifiées qu'elles empruntaient aux symboles
éternels de la vie une part importante de leur
beauté. Bien que libérées du poids et des vulgarités
d'un réalisme littéral les figures de Besnard restent
mêlées aux réalités quotidiennes. Elles sont plus
proches de nous. Moins sublimes elles ne sont pas
moins touchantes.

La troisième peinture n'est pas d'une aussi
belle venue. Elle représente « le printemps de la
vie ». Un jeune homme nu brandit une tige
fleurie. Une jeune fille nue donne des graines à
des oiseaux aux ailes multicolores. Il sont sur un
monticule d'un vert léger se détachant sur un
grand ciel d'un gris très fin. C'est un peu vide et
d'une conception assez molle. L'espace n'est
pas rempli comme il l'est dans les deux autres
peintures. Le paysage de printemps est maigrelet.
Peut-être le grand ciel manque-t-il d'un accent de

vie. C'est un fond plus qu'un ciel. On ne retrouve pas le grand coloriste sauf en certaines taches telles par exemple que celle de la chevelure rousse de la jeune fille, flamme de soleil dont l'artiste a plus tard tiré des effets très variés et nombreux.

Dans ce « Printemps » l'équilibre des masses n'a pas la netteté ou la vigueur qu'on a pu constater dans les deux autres compositions. On n'y retrouve pas les belles notes vives de la marmite noire ou de la jarre verte qui fait si bien chanter — dans le second panneau — le rouge de la jupe maternelle et le violet très doux de la jupe de la jeune fille, tous deux stabilisés — si j'ose employer ce mot — par le bleu du pantalon du jeune homme. Ce troisième panneau est mince, grêle, joli tout de même, mais pas très riche, ni très chaleureux. Cela n'est pas dru. Il est évident que c'est le dernier en date et que Besnard pensait déjà à autre chose...

LE RENOUVELLEMENT DE LA SYMBOLIQUE PICTURALE

Peut-être pensait-il déjà au plafond d . l'Hôtel-de Ville. Cette œuvre est datée de 1891.

En interrogeant cette composition — l'une des

plus importantes de l'art décoratif contemporain et l'un des chefs-d'œuvre de Besnard — on a le sentiment très net qu'elle représente un élan d'imagination et une concentration de pensée. J'ose croire que la première idée de ce plafond — si inconsistante et vague qu'elle ait pu être pendant la période de gestation — est contemporaine des projets que Besnard avait conçus pour le portique de l'École de Pharmacie. Dès ce moment il avait songé à renouveler la symbolique de l'art décoratif. Écœuré jusqu'à la nausée comme nous le sommes tous, par les froides allégories des peintres académiques, dégoûté des Vérités nues ornées de miroirs, des Apollons portant des lyres, des Justices tenant des balances et des Amours brandissant des flèches, Besnard osa rêver d'un art décoratif interprétant les grandes forces élémentaires de la Nature et les sentiments universels des Hommes selon les données de la science moderne et en accord avec nos mœurs et nos habitudes d'esprit.

Vaste et magnifique ambition ! Nous sommes parfaitement sûrs que la réalisation de ce projet grandiose qui demeura longtemps imprécis dans les ténèbres de la sub-conscience, ne fut poursuivie que lentement par des lectures, des recherches patientes, des comparaisons constantes et surtout par un lent travail de réflexion et de méditation.

Il m'est agréable de savoir que dès 1882 Besnard avait songé à décorer les murs du portique de pharmacie de compositions allégoriques symbolisant les sciences. Il était bon qu'un tel projet fût mûri longuement et lentement élaboré pour jaillir tout à coup dans une esquisse heureuse [1].

Le plafond de l'Hôtel-de-Ville et la décoration de l'amphithéâtre de chimie à la Sorbonne justifient toutes les ambitions de ce peintre novateur.

LE PLAFOND DE L'HOTEL-DE-VILLE

Besnard s'est imposé un thème abstrait, par conséquent extrêmement difficile à interpréter

1. M. Gabriel Mourey paraît avoir été d'un avis différent : « Il sentit toute la faiblesse et tout l'artifice d'un pareil point de départ, et résolument il en chercha un autre plus rationnel, en rapport plus exact avec la réalité, par suite moins arbitraire, plus vivant et plus humain. » *Albert Besnard*, Davoust, éditeur.

d'une manière purement plastique. Voici le titre officiel : *La Vérité entraînant les sciences à sa suite répand sa lumière sur les hommes.*

Sur le fond vert bleuâtre d'un ciel nocturne, des astres sont épars. Deux grandes planètes forment un contraste saisissant. L'une est le globe terrestre peint avec assez de solidité pour qu'on ait la sensation de consistance et de poids. On distingue des continents et des mers répartis par vastes surfaces. On a le sentiment que cette planète est ronde et qu'elle roule dans l'abîme céleste.

Derrière elle un autre astre, d'un éclat blafard, sorte de monde mort qui pourrait être la lune, développe sa convexité. On le sent opaque mais baigné en reflet d'une lumière verdâtre qui lui donne un je ne sais quoi de plus léger et presque de transparent.

Besnard s'est gardé de trop préciser. Il s'en tient aux notions élémentaires sur lesquelles s'accordent les savants. Son rôle n'est pas de nous exposer un nouveau système de Ptolémée. Il se borne à une vision poétique.

Toute la moitié gauche du plafond représente l'éther bleuâtre où des millions d'astres parmi des

souffles d'ombre et d'or jettent leurs éclats phos-
phorescents. Ce sont des points d'un blanc intense
entourés d'un halo blanchâtre et que pénètrent par
reflet les lueurs vertes de l'éther.

Telle est la conception que Besnard se forme
des immensités célestes. Telle est l'idée générale qu'il se forme de l'univers-cosmos où la
terre roule parmi les autres astres dans un infini
qui exclut jusqu'aux notions de distance et de
durée.

Et comment nous suggère-t-il cette vision d'ensemble? par deux planètes immenses roulant sur
elles-mêmes à des distances énormes dans un éther
sans limite que trouent les lueurs d'innombrables
astres si lointains qu'ils sont pour nous réduits à
l'aspect d'étoiles à peine brillantes.

Même restreinte à cette vision astronomique
cette peinture eût été un beau plafond. Mais Besnard voulait représenter « les Sciences » et il ne
voulait se servir ni de formes conventionnelles, ni
d'attributs surannés. Je l'imagine, les yeux clos,
recueilli, et s'enchantant lui-même d'une vision
poétique où de belles formes vivantes symbolisent
par leur couleur et leur mouvement les forces

obscures qui se manifestent par elles et qu'elles représentent pour nous.

Cette vision est devant nous.

Venant des lointains de l'infini à travers les astres, à travers les mondes, des figures nues se pressent les unes derrière les autres. Elles se hâtent. Celle qui est en avant mène les autres. Sous ses cheveux couleur de feu son visage respire la joie. Elle sourit. Ce sourire irradie. A bout de bras, elle porte une gerbe d'éclairs où dominent le blanc et le violet. C'est la Vérité, mais c'est aussi la fée de la lumière, la déesse du feu, le génie heureux de toutes les sciences nouvelles et ardentes qui s'élancent à la conquête de l'inconnu. Elle passe rapidement dans un mouvement de course, et c'est un symbole de l'instabilité de nos sciences nouvelles en perpétuelle et rapide évolution. Ce qu'il nous est donné de voir aujourd'hui, c'est un aspect de la vérité. Ce qui était vrai hier pourra ne plus l'être demain. Tout passe et avec tant de rapidité que de rares prédestinés saisiront seuls cet aspect. Les autres sciences — non moins jeunes — suivent celle qui les entraîne. Elles sont moins distinctes, moins nettement individualisées, elles participent de l'imprécision et du vague qu'il est naturel qu'elles aient dans l'imagination de l'artiste. Mais il les voit très vivantes, très agiles, couronnées d'un peu de laurier d'or, avec des yeux grands ouverts comme éblouis de clarté. Elles viennent de l'infini et elles y retournent. L'une d'elles, dans sa course, porte la main sur l'épaule de celle qui la précède, symbole de l'appui mutuel par lequel il faut que toutes s'entr'aident.

Et l'Humanité, par groupes qui s'échelonnent, s'avance lentement sur la terre pour regarder leur cortège éblouissant et passager. Ces hommes avides de lumière sont indiqués dans leur masse plutôt qu'individualisés. Ils s'avancent par groupes en théorie plusieurs fois brisée. On devine que l'incessant désir de savoir a été soumis pendant le cours des âges tantôt à des périodes d'avancée hâtive, tantôt à des moments de recul, plus souvent à des périodes de stagnation. On distingue dans le lointain l'Homme encore tout engourdi par la primitive animalité, on remarque aux premiers rangs l'Homme déjà éduqué par la suite des générations. Le groupe qui est en avant représente l'élite. Ils sont à genoux, éblouis, ils regardent, contemplent, admirent, et déjà on sent qu'ils comprennent.

Belle vision que celle de ces humanités qui vont s'affinant peu à peu à mesure qu'elles comprennent davantage et venues de si loin sur la convexité de notre globe que les groupes les plus éloignés paraissent encore amorphes tandis que les plus avancés participent déjà des lueurs de l'illumination.

Voilà de quoi se compose le deuxième cercle de cette vaste composition conçue par courbes comme l'orbe même du ciel.

La troisième masse colorée représente les sciences établies. Elles s'opposent aux jeunes sciences dont le mouvement est tumultueux et presque vertigineux. Ce sont des jeunes filles ou des femmes en attitudes méditatives. On peut imaginer qu'elles sont la Philosophie, l'Histoire ou l'Eloquence. Elles nous apparaissent comme des formes de la pensée, et nous sentons bien qu'elles sont le reflet dans l'imagination de Besnard des formes de la pensée.

Charmantes créatures très douces, sans mièvrerie, élégantes et fines sans fadeur, d'un dessin amusant et admirable, d'une grande liberté,

modelées dans des pénombres bleuâtres par
un peintre dont les yeux sont avant tout sensibles aux prestiges de l'ombre et de la lumière.
Presque toutes sont dessinées par le modelé plutôt
que par le contour. L'une, pensive et debout,
appuie la tête sur l'une de ses mains tandis que
le coude pèse sur l'autre main. C'est peut-
être *la Méditation*. Sa voisine pourrait être *la Contemplation*. Comme elles sont dénuées de ce
fade vague-à-l'âme des héroïnes de romances! Une
troisième a la poitrine nue. Elle est drapée dans
un manteau à plis mouvementés et, le bras levé,
fait un geste tragique. Il se peut qu'elle symbolise
l'effort douloureux qui s'épuise à comprendre et
parfois désespère. Une autre figure féminine debout
et vêtue d'une tunique de clarté, soulève au-dessus
de sa tête d'un beau geste de ses deux bras le voile
qui la recouvrait. C'est la jeunesse de la pensée.
Elle se découvre. Son voile ressemble à celui
d'Isis. Dans ses plis une vieille femme en mante
noire est accroupie; il se peut que ce soit « le
Passé ». D'autres figures féminines, dans les fonds
bleuâtres, ne sont que des visages anxieux qui
interrogent. Appuyée sur le bord du cadre, sombre

et tragiquement seule, les yeux clos, faisant un geste de désespoir, l'Ignorance s'enfonce peu à peu dans l'abîme d'où elle est venue. Elle est encore assez en lumière pour qu'on devine que long temps se passera avant qu'elle soit entièrement réabsorbée par l'ombre. Sans doute même n'y rentrera-t-elle jamais tout à fait. Cependant sa défaite commence. Elle ne règne plus en victo- rieuse. Elle s'estompe. Elle est presque réduite à l'impuissance.

Vision poétique qui se double d'une concep- tion philosophique ! Ni anecdotes, ni gentillesses, ni petits faits insignifiants. Vision de poète qui pense par des formes, par des lignes et par des couleurs.

On sent nettement que la répartition des taches de couleur, les formes féminines et le mouve- ment général ont jailli librement et joyeusement dans l'imagination du peintre. Cette vaste compo- sition n'est pas la traduction d'une pensée pure qui aurait pu s'exprimer par des mots. Besnard a si peu pensé par des mots qu'il n'a même pas pu traduire sa pensée par un titre. Les deux lignes qu'il a fait inscrire au livret sont insuffisantes et inexactes. Elles rapetissent à une froide allégorie littéraire une vision de peintre. Je tiens pour certain, je suis entièrement assuré que M. Besnard a conçu son sujet par des couleurs, par des formes et par des mouvements. Il a vu le vaste éther bleuâtre piqué de lueurs blanchâtres, avivé par la grande masse sombre de la terre et la grande masse claire de la planète lunaire. Ses yeux ont vu au centre optique du tableau des formes nues en mouvement, une chevelure toute frémissante de reflets et surtout la tache éclatante, la grande tache dominatrice de la gerbe flamboyante, de la gerbe d'éclairs irradiants. Il s'est enivré de cette tache. Il a senti le parti extraordinaire qu'il pourrait en tirer pour faire chanter toutes les formes lorsqu'il aurait assez avancé toute l'œuvre, pour mériter de recourir à cette suprême ressource. Il a voulu que le centre de cette tache fût d'un blanc pur sur-éclatant pour que peu à peu elle se décomposât et se dégradât dans toute la gamme du prisme, plus particulièrement dans les rouges et les violets, comme la lumière blanche, à travers un triangle de cristal, se décompose en couleurs primordiales et nuances de transition. Ce blanc primordial — par son éclat —

repousse toutes les autres formes dans la pénombre
bleuâtre, donne à l'artiste la possibilité de les
modeler par des ombres et de les envelopper des
reflets émanés du feu central.

Conception purement picturale qui donne à
toute l'œuvre son unité absolue d'exécution et de
pensée! Tous les épisodes, tous les détails sont
conçus en fonction de ce foyer lumineux. Tout ce
qui vit le regarde ou du moins pense ou rêve à cause
de lui. Pas un objet ou une forme qui n'en soit
influencée. C'est le centre optique du tableau et qui
requiert impérieusement le regard du spectateur[1].

Joie que donnent les reflets s'influençant les uns
les autres, plaisir essentiellement pictural! Joie de
distribuer la lumière et les ombres comme dans la
réalité et de dessiner par le modelé! d'inventer

1. Ce grand plafond se complète de deux petites peintures plafonnantes représentant : l'une, la Météorologie sous
la forme d'une comète chevelue, belle forme nue aux longs
cheveux blonds sur le gris bleu du ciel; et l'autre l'Élec-
tricité sous forme d'une figure nue, à la chevelure éparse,
parmi les nuées noires trouées d'éclairs, et qui semble fou-
droyée par le feu céleste. On n'imagine guère d'idée
abstraite traduite d'une manière plus simple, plus sobre,
plus expressive, et plus exactement picturale.

des jeux de lignes courbes et de les transposer dans le domaine de l'irréel tout en gardant le contact avec la réalité! de suggérer des idées rien que par des formes et des couleurs! Joie du mouvement vu et interprété par des déplacements de formes! Joie des oppositions de sentiments rendues sensibles par des différences de tons et par des dégradations de valeurs! Ivresse, enfin, de faire tourner les mondes d'une inflexion du pinceau et d'y tracer les limites des continents et des mers, comme si la matière colorée était vraiment de la glaise et qu'on pût y creuser des océans comme les enfants sur le sable creusent du bout de leur doigt, des flaques qui se remplissent d'eau!

Ce plafond a encore un mérite si rare qu'il est juste de le signaler. Parce qu'il est conçu en lignes courbes il se présente d'aplomb de quelque côté qu'on le regarde, de quelque endroit du salon que l'on veuille se placer. Prestigieuse habileté d'un peintre décorateur qui connaît toutes les ressources d'une surface plafonnante! C'est un décor de fête et c'est une apothéose.

Or il suffit de regarder dans le salon parallèle à celui que Besnard a décoré pour comprendre ce qu'il y a d'invention et de nouveauté dans l'œuvre que nous venons d'étudier.

Le plafond peint par Jules Lefebvre a exactement les mêmes dimensions. Il est éclairé de la même façon. On ne peut imaginer ni des conditions de travail plus minutieusement égales ni un résultat plus diamétralement opposé. Autant l'œuvre de Besnard est chaleureuse et vivante, autant le plafond de Jules Lefebvre est morne, fade et froid. C'est la plus glaciale des allégories académiques. Impossible de deviner où l'artiste a supposé son foyer lumineux. Ce sont des lignes sans accent, d'une fausse grâce maniérée. Ni pensée ni émotion. Des attributs et des couleurs arbitraires qui se jouent dans les gris fades et les roses ou les bleus purement conventionnels. On ne peut imaginer contraste plus saisissant.

L'AMPHITHÉÂTRE DE CHIMIE

Idéologie encore, si l'on veut, mais presque purement sentimentale et entièrement subordonnée à une émotion d'ordre pictural, telle nous apparait la décoration pour l'amphithéâtre de Chimie. C'est l'un des sommets de la carrière d'Albert Besnard.

Avoir à couvrir un espace mural irrégulier est pour un décorateur-né plutôt un avantage qu'un désavantage. Cela lui donne un sentiment plus net de la subordination qu'il doit accepter à l'égard du style de la pièce dans laquelle il travaille, de la destination particulière à cette pièce et de l'ensemble architectural dans lequel la peinture doit se fondre intimement et pour toujours.

Ne plaignons donc pas Besnard d'avoir été convié à travailler pour un espace affectant la forme d'un trapèze très irrégulier et déchiqueté pour ainsi dire dans sa partie inférieure par la boiserie de l'amphithéâtre et la table du professeur se détachant au-dessous d'un tableau noir. Ne le plaignons pas non plus de la pauvreté du décor, de ces murs tout nus, de ces bancs grossiers. Cet amphithéâtre a les trois qualités essentielles : il est vaste, bien éclairé et il est parfaitement adapté à sa destination. A l'artiste de se soumettre aux conditions de la réussite. A lui de rehausser et d'ennoblir cet ensemble en se conformant à son caractère propre. C'est un lieu de travail. L'artiste qui est chargé de le décorer n'est pas moins favorisé que celui à qui est dévolu un lieu de prière ou une salle de fête. Il sera d'autant plus digne d'admiration qu'il se sera plus étroitement soumis à la destination du lieu.

Besnard a compris quel devait être son rôle. Ayant à décorer un amphithéâtre de chimie, il s'est demandé quelle est la leçon qu'il pourrait proposer à la fois aux étudiants et aux maîtres et qui fût assez durable pour ne se démoder jamais, assez générale pour dominer tous les enseignements susceptibles d'être donnés sous cette enceinte.

L'idée très simple, très générale et très poignante qu'il a voulu leur suggérer est celle que formulait déjà Anaxagore : Il faudrait appeler agrégation toute naissance et désagrégation toute mort.

Au centre, sur une grasse prairie toute jaunie par l'automne parmi des germes de plantes innombrables un beau cadavre de femme dans toute la maturité de son âge est étendu dans un mouvement magnifique de raccourci. A notre gauche un enfant nu tète une dernière fois l'une de ses mamelles. De l'autre sein coulent les dernières gouttes d'un lait qui, serpentant à travers la nature, forme comme un fleuve de vie. Autour de la bouche errent des papillons compagnons de toute pourriture et porteurs de germes. Le serpent, emblème de la génération terrestre, rampe auprès du cadavre. Tout à fait à notre droite et profitant d'un caprice de la surface murale pour évoquer le souvenir des volets d'ancien triptyque, Besnard a représenté Adam soulevant sa compagne pour qu'elle puisse atteindre le fruit de vie dans un decor de nature printanière, luxuriante, sur les bords d'un fleuve lumineux qui, remontant vers la gauche pour se précipiter ensuite jusqu'à nos pieds de toute la hauteur de la toile, charrie dans la dernière partie de son cours, à travers des cataclysmes, les plantes arrachées du sol, les troncs déracinés, les cadavres humains et va se perdre dans les entrailles de la terre au fond d'un gouffre de feu, creuset d'où ressortiront sous une autre forme les éléments de la vie végétale et animale pour plus tard se désagréger et à nouveau se reformer. Au centre de la composition et répandant sur tout ce qui existe ses rayons vivifiants, le soleil rayonne et brûle.

Ainsi se trouvent interprétées et symbolisées toutes les forces de la nature : l'eau, l'air et la terre, l'Homme jeune dans toute sa puissance, la Femme dans son adolescence et dans sa maturité, la Mort qui les emportera parmi les désastres et l'Espoir toujours renaissant qui sourira aux nouveau-nés. C'est aussi le symbole du Feu, principe de la chimie organique qui crée la vie et la détruit, et un symbole de la Lumière et de la Chaleur qui animent tout, stimulent tout, et président, inaltérables, à toutes les destinées terrestres. C'est enfin une vaste vision qui, d'un point de vue général, embrasse toutes les joies et toutes les douleurs de la vie, toutes les sciences qui dans leur domaine spécial recherchent des vérités particulières et qui à partir de certains sommets se rejoignent toutes dans la même recherche des origines de la vie, de ses transformations successives et des modifications que les hommes peuvent apporter au cours naturel des événements terrestres pour diminuer les dangers qui menacent leur existence et augmenter leur bonheur.

Conception de philosophe panthéiste mais surtout vision de peintre ! A notre droite, des fraîcheurs de verdure printanière, des gris bleutés d'eau courante, un tronc d'arbre splendide et fort qui paraît défier le temps, des pénombres légères; à notre gauche, de grandes taches d'ombre qui établissent avec le centre la liaison nécessaire et qui s'équilibrent avec les masses luxuriantes du volet fixe de droite, des verts comme soufrés, une nuée splendide et lourde, une spirale fuligineuse qui sépare entre eux les sujets et qui les ramène à l'unité; enfin, au centre, la grande tache jaune et verte de la prairie engraissée par le cadavre, soutenue par la tache verdâtre tigrée de noir du reptile, dont les anneaux se replient et qui contribue aussi à la stabilité de l'ensemble, à l'impression d'ordre. Le tracé gris et blanc du fleuve de lait fait contraste à ce sombre serpent symbolique mais s'harmonise avec lui et le réchauffe. Enfin, dans le haut et au centre, dominant toutes choses, la grande tache éblouissante, blanche et jaune, du soleil domine toute la composition.

En dernière analyse, tout se ramène à cette grande tache blanche et jaune, enrichie à notre droite par des verts chaleureux et toute une gamme de gris, soutenue à notre gauche par les souffles

ALBERT BESNARD

Cliché Moreau

L'ILE HEUREUSE

d'or et d'ombre où des jaunes sulfureux semblent
être comme en suspens.

L'unité de couleur et de composition est aussi
parfaite que l'unité idéologique. C'est lyrique et
c'est splendide. L'amphithéâtre de Chimie consacre
l'originalité absolue de Besnard, son aptitude à
hausser jusqu'aux symboles les plus riches et les
plus clairs, les idées les plus générales, sa puissance de grand coloriste et sa liberté heureuse de
metteur en scène.

L'ILE HEUREUSE

Beaucoup d'admirateurs d'Albert Besnard considèrent comme son chef-d'œuvre *l'Ile Heureuse* du
pavillon de Marsan au Louvre. Si belle que soit
cette grande peinture je me permets de n'être pas de
leur avis. Je constate d'abord que les dimensions
régulières du panneau et la disposition générale de
la pièce ont entraîné l'artiste à exécuter un très
grand tableau de chevalet plutôt qu'une œuvre
d'art décoratif si étroitement adaptée à sa destination qu'il soit impossible de la détacher du mur,

sans en diminuer la beauté. A nos yeux, pour une peinture murale, ce n'est pas une qualité.

Si je me demande — en second lieu — quelle est la qualité de l'émotion que l'artiste a voulu nous suggérer, je ne peux pas me faire une réponse qui place sur le même rang cette peinture et le plafond de l'Hôtel-de-Ville, l'amphithéâtre de Chimie et les meilleurs panneaux de l'École de Pharmacie.

Sur un îlot placé au premier plan, des jeunes gens et des jeunes femmes demi-nues sont couchés sur l'herbe parmi des victuailles et des argenteries, au pied d'une Bacchante de marbre. Des faunes jouent de la syrinx. Un beau lac (qui est probablement le lac d'Annecy) entoure cet îlot heureux. Le fond se compose d'un magnifique ciel et de belles montagnes au pied desquelles se voient des constructions blanches.

Sur le lac glissent des barques en forme de gondoles. A l'avant de la principale d'entre elles se tient debout un jeune homme ascétique, en tunique rouge, contre lequel se blottissent deux jeunes femmes, l'une en robe rose éteint et l'autre en robe verte. Un batelier, à l'arrière, de sa rame unique pousse l'embarcation vers « l'île heureuse ».

Quelle est l'idée du tableau? Sans doute Besnard a-t-il voulu représenter les plaisirs de la vie vers lesquels aborde Celui qui en fut le Contempteur et qui en sera le Destructeur. Est-ce cela? en ce cas, le personnage en tunique rouge serait une sorte de Christ et les deux femmes blotties contre lui seraient, dans une certaine mesure, « les Saintes femmes »; s'il en est ainsi peut-être leur trouvera-t-on un air bien profane. Celle qui est vêtue de vert et qui a les deux mains vers la nuque a quelque chose de lascif.

Faut-il supposer que ce Contempteur des joies terrestres aborde à l'île heureuse pour se renier lui-même? Il est bien sévère et bien ascétique pour nous permettre cette opinion.

Faut-il croire que Besnard a voulu seulement faire valoir le contraste essentiel entre les deux façons de comprendre la vie?

J'observe que la rive montagneuse d'où s'est détachée la barque donne aussi nettement que l'île une impression de bonheur. On imagine même que beaucoup — parmi les meilleurs — préféreraient passer leur existence de ce côté-là de la vie. C'est une manière bien contestable de symboliser les joies terrestres que de placer auprès de quelques jeunes gens des femmes demi-nues, des victuailles, des fiasques rebondies, et de l'argenterie.

Ces Faunes, à mes yeux, n'ennoblissent pas ces joies exclusivement matérielles. Il n'est pas jusqu'à ces jeunes gens qui ressemblent à de jeunes Romains de la décadence négligemment drapés dans leur toge et qui ne précisent la médiocre qualité morale de ceux pour qui ces sortes de plaisir suffisent à remplir une existence.

Ces réserves faites, constatons que ce tableau est très beau et qu'il est peint d'une manière très décorative. Il se compose de quatre grandes masses : la montagne rose couverte de nuées légères, le lac bleu sillonné de barques, l'île verte où le nu des femmes forme de belles taches blanches rehaussées par le rouge des tuniques des jeunes gens, et enfin, tout en haut, enfermant le tout et se rattachant par des liens presque insaisissables à l'île verte du premier plan, le ciel à grandes nuées rebondies, toutes pénétrées de jaune, de roses et de gris très chaleureux[1].

1. Dans la pièce voisine de *l'Ile heureuse* se trouve un petit plafond dit « le plafond des idées ». Osons reconnaître qu'il est mal venu. Sur un ciel nocturne, que traversent de

L'exécution a été rapide et parfois sommaire. Re-
marquez par exemple le caractère d'esquisse de la
jeune femme en vert et la silhouette superficielle
de celle qui lui fait pendant. Les faunes sont indiqués plutôt qu'exécutés et il se peut que le terrain vert de l'île ne soit pas très consistant.

On sent ici la facilité presque toujours heureuse d'un artiste qui suit l'élan de son imagination, mais on devine l'improvisation.

Ne soyons pas injustes cependant pour des
qualités magnifiques et extrêmement rares à
notre époque. Toutes ces masses colorées s'équilibrent entre elles avec opulence et harmonie. Le

part en part des branches tourmentées de pins aux feuilles
sombres, un petit groupe de jeunes femme en robes flottantes, d'un jaune rosé, tendent les bras en l'air. Un grand
nombre de points blancs, disséminés dans ce ciel nocturne,
doivent représenter des étoiles. Ces jeunes femmes, veulent-
elles saisir les astres ? Représentent-elles les idées qui s'élancent à la conquête de l'inconnu ? Cela n'est pas clair, et sans
doute cette idée — si c'est bien celle du peintre — était-elle
plus intellectuelle que picturale. En tous cas la traduction
en est peu émouvante et presque puérile. L'exécution,
comme toujours, est très habile et avec de jolies trouvailles.
Cependant ces qualités ne sont importantes que si elles sont
au service d'une pensée ou d'une émotion que nous puis-

sens de la mesure ne fait jamais défaut. Les contrastes entre les verts, les gris et les roses sont saisissants et enchanteurs. Le ciel est splendide et mouvementé. L'ensemble est dénué de vulgarité, élégant sans fadeur, d'une certaine grandeur et d'une extrême richesse de coloris.

D'une inspiration que je persiste à trouver peu sublime, ce tableau, si l'on n'en juge que du point de vue peinture, est l'œuvre d'un beau peintre et d'un grand décorateur.

sions partager. Même la distribution des taches de couleur est moins heureuse et moins riche qu'à l'ordinaire.

Ce plafond avait été exécuté pour un particulier. Il passa ensuite en vente publique et M. Maciet, bienfaiteur de tous nos musées, le recueillit pour l'offrir aux Arts décoratifs.

Dans la même salle du pavillon de Marsan de grands dessins pour vitraux sont d'un beau sentiment décoratif. Ce sont des coins de nature plutôt que des paysages. Ici, des animaux de basse-cour, plus loin des paons, ici des cygnes, et là-bas autruches ou vautour. De tous ces animaux, c'est le Vautour qui a le plus de caractère et de grandeur. Ces compositions sont claires, élégantes, et les couleurs sont réparties par grandes taches avec un souci évident de subordonner la composition aux nécessités de l'exécution. Ces cartons ne furent pas exécutés. Ils avaient été dessinés pour les fenêtres de l'École de Pharmacie.

ALBERT BESNARD

Besnard y a travaillé pendant deux années presque exclusivement.

L'ensemble de la décoration se compose sur chacun des murs nord et sud, de quatre grandes peintures placées entre les fenêtres, de deux peintures
plus petites à chaque extrémité et, au-dessus de
chacune des cinq fenêtres ogivales, d'une figure
d'ange en tunique de belle couleur tenant des
deux mains un cartouche dans lequel se trouve
inscrit un commandement de Dieu.

Les quatre petites peintures représentent sur le
mur sud d'un côté sainte Élisabeth et de l'autre
saint Vincent de Paul. Sur le mur nord à l'une des
extrémités, saint Jacques donnant un vêtement à un
pauvre, à l'autre extrémité saint Louis, roi de
France, protégeant un malheureux.

Sur le mur de la tribune des orgues au-dessus
de trois ouvertures ogivales, sont représentés deux
grands anges rouges plus grands que nature soutenant de leurs mains étendues au-dessus de leurs

tètes, d'un geste infiniment majestueux, l'immense croix de bois brut sur laquelle agonise un agneau égorgé dont le sang retombe en gouttes rouges que recueille dans un calice un ange placé à notre gauche. Les ailes étendues de ces deux anges sont d'un vert diapré. Elles se dessinent sur un fond bleu sombre, mais les visages se détachent déjà sur le jaune qui de proche en proche remonte peu à peu vers sa source : le triangle placé au sommet de la composition et d'où vole vers nous le Saint-Esprit sous la forme d'une colombe. Ce triangle est éblouissant. C'est le foyer spirituel d'où émane toute lumière.

Du point de vue couleur cela se résume par conséquent en deux grandes robes rouges sur un ton bleu sombre avec de grandes ailes vertes qui se détachent sur du jaune vif remontant vers sa source triangulaire, tandis que dominent le tout la grande tache sinistre de la croix brune et la tache plus tendre de l'agneau pantelant exécuté dans les gris délicats, chaleureux, avivés par le rouge des gouttes de sang.

Les visages sont un peu sommaires mais touchants. Il y a de la grandeur. Les anges porteurs de l'instrument du supplice sont d'un mouvement lyrique sans être déclamatoire. L'agneau égorgé (d'un dessin délicieux) est dramatique et poignant. L'harmonie générale est puissante et ardente. Ce jaune de Naples fait tout chanter. C'est un hosanna douloureux et triomphal [1].

Sur la grande arcade percée d'une vaste ogive qui sépare l'église du chœur, Besnard a peint, de chaque côté de laclef de voûte, deux grands anges [2] à flottantes tuniques blanches avec des ailes multicolores. Les bleus de paon dominent d'un côté. De l'autre côté leur répondent des verts, des jaunes et des rouges assourdis.

Avec des encensoirs d'or, d'un mouvement très large, ces anges encensent le livre de l'Évangile, tout blanc, placé au-dessus de la clef de la voûte, sur une nappe d'autel également blanche et d'où émanent de grands rayons divergents d'un jaune rayé de blanc.

---

1. Daté de 1898 et demeuré en très bon état. L'ange qui porte une épée est évidemment : la Justice. Celui qui porte le ciboire est manifestement : la Charité. On ne peut pas être plus clair.

2. Daté aussi de 1898.

Des nuages gris sombre séparent ces anges de l'Évangile éblouissant. Leurs visages sont en profil perdu, mais leur mouvement d'adoration est tumultueux et contenu. Ils ont l'élan du cœur. C'est le charme presque florentin de l'adolescence. Quel beau dessin personnel et ample! Sans doute le parti pris de simplification comporte-t-il ici pour les spectateurs une sensation d'exécution rapide et presque d'improvisation, mais comme cela est bien venu! comme la main a été l'interprète rapide de l'improvisation psychique! C'est de la grande peinture. Il y a dans ces tuniques et ces gestes d'adoration un frémissement heureux. C'est le morceau le plus inspiré de toute cette décoration, celui qui semble avoir jailli d'un seul élan. Il s'accorde étroitement avec le mur. C'est, dans le sens le plus strict et le plus favorable des mots, de l'art éminemment décoratif.

A cause de leur mouvement, ces deux anges sont incomparablement plus intéressants que les dix autres anges hiératiques qui, au sommet de chacune des fenêtres ogivales, tiennent chacun le cartel où se trouve inscrit un commandement de

Dieu. Si l'artiste s'était attaché à les diversifier, s'il s'était donné la peine de leur donner une expression de visage en accord avec l'enseignement inscrit dans le cartel, ces anges auraient peut-être été des chefs-d'œuvre. Mais Besnard les a exécutés rapidement. Il les a envisagés comme des repos pour l'œil du spectateur entre les grandes compositions des entre-fenêtres, et comme des œuvres de liaison plutôt que comme des œuvres distinctes. Aussi les visages sont-ils sans expression, les gestes à peu près identiques et toute la variété réside-t-elle dans la diaprure des ailes multicolores assurant, par des transitions habiles, le passage par tonalités de l'une à l'autre grande composition.

Un Michel-Ange à la Sixtine, ou un Giotto à l'*Arena*, attachaient à peu près autant d'importance aux compositions secondaires qu'aux compositions principales. Telle n'est pas la manière de Besnard. On sent à ce trait qu'il a conçu son ensemble par grandes taches de couleur plutôt qu'il ne l'a subordonné aux interprétations psychologiques des visages ou des attitudes humaines.

C'est un trait de son caractère.

Sur le mur du fond du chœur, derrière l'autel, dans une gloire fulgurante d'un blanc intense que vivifient les jaunes, les orangés et les bleus sombres en ondes successives, se dégradant jusqu'aux bords du cadre, un Sacré-Cœur en tunique rouge et manteau vert, les cheveux blonds retombant sur les épaules, montre des deux mains, sur sa poitrine découverte, un cœur sanglant et flamboyant que cerne une couronne d'épines. Le visage est jeune, presque un peu byzantin, avec une petite barbe en pointe et une imperceptible moustache blonde. L'expression de physionomie est un peu énigmatique, mais nettement douloureuse. C'est le Christ compatissant.

Dans l'ensemble, la couleur est magnifique. Ce rouge et ce vert, dans ce blanc pénétré de jaune, de rose et de feu semblent brûler. Le dessin des mains est superbe. Ce Christ est modelé par les ombres, sans contours accusés. A cause des particularités du dessin et de la couleur, le sentiment est très moderne, mais imprégné tout de même de la grande tradition classique. Ce Christ a de la dignité, de la grandeur. Il est souffrant et miséricordieux.

Ce jeune Christ, dans cette vaste gloire, représente la douleur et l'espoir humains. Une immense pitié miséricordieuse émane de lui. C'est — sans conteste possible — le plus beau Sacré-Cœur qui ait encore été peint.

Par la description de ces trois grandes peintures murales, nous commençons à sentir nettement dans quel état d'esprit le peintre a conçu l'ensemble de cette décoration et dans quelle mesure cet état d'esprit a déterminé le choix du plan général et l'ordre particulier du sentiment.

Le voyageur qui arrive à Berk se sent tout de suite le cœur serré. Dans toutes les rues, à toutes les terrasses, sur le bord de la mer ou dans les replis des dunes on voit des malheureux paralysés. Les uns sont étendus sur une chaise longue, d'autres sont couchés dans une petite voiture que mène un petit âne. C'est d'une tristesse poignante. En immense majorité ces malades sont des enfants. On en voit de tout âge et de toute condition. Les uns se soutiennent avec des béquilles. D'autres ne peuvent même pas se relever. De temps en temps un adolescent ou une jeune fille — tout leur désir de vivre réfugié dans leurs yeux — apparaissent étendus sur le fond plat de la petite carriole qui recommence pour la millième fois sa douloureuse promenade.

Quand j'arrivai devant l'Hôpital Cazin-Perrochaud le soleil était doux. Placés devant la mer s'alignaient peut-être une centaine de lits d'enfants. D'un côté les garçons, de l'autre côté les filles plus touchantes encore peut-être. Tous étaient étendus. Quelques-uns causaient d'un lit à l'autre. La plupart étaient silencieux et rêveurs. Des religieuses aux coiffes blanches passaient de l'un à l'autre lit, se penchant, se redressant et prodiguant silencieusement leur vigilante attention. Rien ne peut exprimer l'horreur muette de ce tragique spectacle. Le cœur se serre. On se sent à l'une des extrémités du monde, dans le domaine de la maladie et de la douleur. Même le passant se sent la gorge étranglée par un sanglot qui va éclater. Que doivent donc éprouver les pères et les mères de ces petits êtres immobiles?

Représentons-nous dans un tel milieu un artiste d'une sensibilité extrême. Imaginons-le venu sur cette plage pour ne pas abandonner un petit garçon que

ALBERT BESNARD

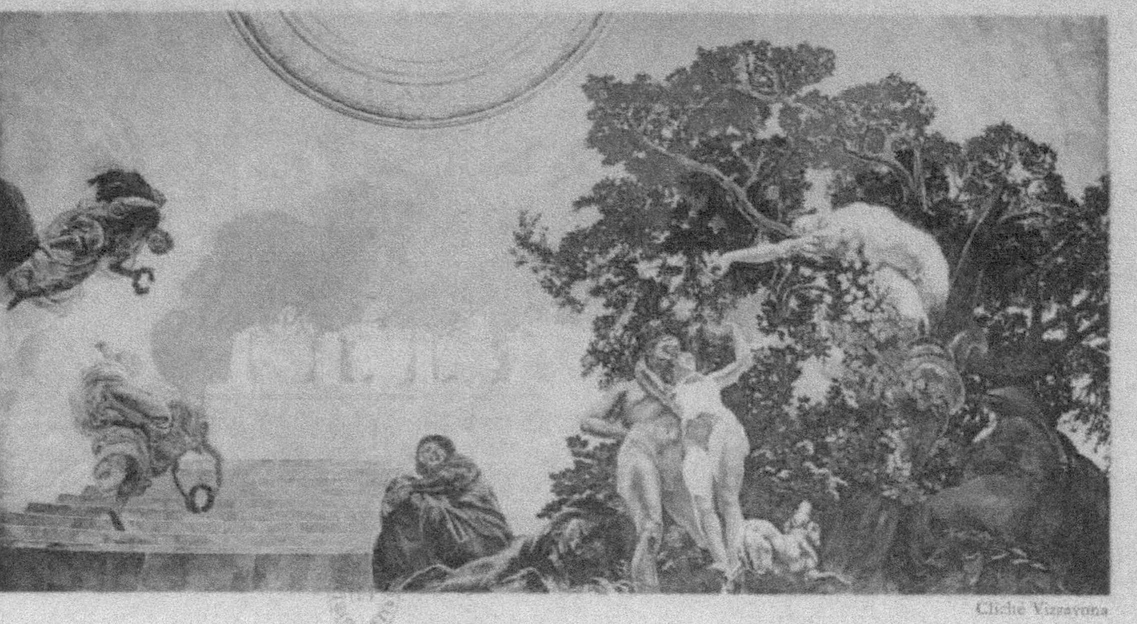

Cliché Vizzavona

PLAFOND DE LA COMÉDIE FRANÇAISE

(DÉTAIL)

sa mère entoure de soins anxieux. L'épreuve durera deux ans. Pendant deux ans il ne retournera pas une seule fois à Paris, vivant constamment avec ceux qui souffrent les mêmes angoisses, reprenant peu à peu confiance à mesure que les soins du médecin assurent la guérison et repartant enfin joyeux et comme triomphant parce que son fils est redevenu bien portant et gai !

Toute la décoration de l'église de Berck est imprégnée de ces sentiments d'anxiété douloureuse et d'espoirs — traversés de craintes — dans la miséricorde infinie.

Les lieux d'angoisse sont toujours des lieux de prière. De toutes ces âmes qui souffrent monte obstinément une imploration. C'est dans ces lieux de souffrance qu'on peut comprendre qu'un geste, un signe, un silence puisse aussi être une prière, puisque la définition essentielle de la prière est un élan du cœur vers Dieu. Le voulant ou non, quand Besnard décida qu'il allait peindre la chapelle, il fit un acte de prière.

Son cœur d'artiste — toujours enclin aux grandes généralisations — rassemblait dans le sentiment personnel de son angoisse toute la douleur de la pauvre humanité dont il voyait autour de lui les misères et les tares. Dans son propre espoir il rassemblait tous les espoirs de miracle et de résurrection. Dans son élan sentimental vers les secours qui ne viennent pas seulement de la science, il rassemblait tous les élans de ceux qui attendent le miracle, l'espèrent et l'implorent.

A certains degrés d'exaltation psychique, tous les cultes se rejoignent dans un même sentiment d'espoir et d'humilité. Il est sans intérêt de se demander si l'état d'esprit de Besnard comportait à ce moment un aquiescement précis à des dogmes particuliers. De toute son âme, de tout son cœur, d'accord avec les survivances obscures de son enfance catholique, d'accord avec tous les élans de ceux qui souffraient comme lui et dont il se faisait l'interprète, d'accord avec les croyants et baigné pour ainsi dire dans une atmosphère de surnaturel, il a conçu l'œuvre d'ensemble, dans laquelle pas un catholique ne peut trouver un détail qui le froisse ou qui le peine.

Cependant cette œuvre ne ressemble en rien aux peintures conventionnelles et mornes des faiseurs de chemins de croix à la manière des élèves d'Ingres. Un réalisme de bon aloi, une traduction sincère par des formes et des couleurs des spectacles réellement vus et la suggestion constante de conclusions générales qui ne peuvent avoir jailli que d'un cerveau qui a pensé et d'un cœur qui a souffert, voilà ce qui vivifie l'œuvre de Besnard. C'est l'œuvre d'un artiste qui sent comme les autres hommes, mais avec plus d'intensité, et qui exécute en peintre.

La première des cinq grandes compositions du mur nord a pour sentiment général : l'enfant est voué à la souffrance.

Dans une pauvre chambre éclairée par une fenêtre ouverte, la jeune accouchée se relève sur ses oreillers et regarde avec un geste de résignation le père qui élève à bout de bras le nouveau-né et, la tête relevée, l'offre à Dieu avec un geste et une expression de physionomie qui le recommandent plus encore qu'ils ne l'offrent. Par un artifice dont les exemples se retrouvent dans les peintures des Primitifs et notamment dans Giotto, Besnard a voulu que la pensée de ce couple fût visible pour nous. Le Christ que le père et la mère ne peuvent apercevoir que par les yeux de l'âme,

Besnard nous le montre. De toutes les interprétations du Sauveur entre lesquelles il pouvait choisir, l'artiste a préféré celle qui répondait le plus directement à son état d'esprit. Il a donc représenté le Christ cloué sur sa croix, douloureux, angoissé, souffrant de tous ses membres et d'autant plus miséricordieux et compatissant qu'il a lui-même souffert les douleurs de l'humanité.

Dans chacune de ces dix grandes compositions ce Christ en croix réapparaît. Invisible pour les personnages représentés, mais visible pour nous, il représente dans chaque tableau la pitié divine intimement identifiée à la pitié de l'artiste et la souffrance transfigurée par une idée de rachat. Ce Christ compatissant nous rend visibles les liens invisibles qui unissent chaque membre souffrant de l'Église terrestre à la collectivité innombrable de l'Eglise universelle. Par ce Christ souffrant et pensant toutes les scènes particulières qui se succèdent sur les murs participent des grands mouvements de solidarité affectueuse qui rattachent les individus en proie à la douleur, à leur groupe familial et à leur collectivité humaine. Tous les hommes égaux devant la Douleur, et toute l'humanité douloureuse en élan vers la protection des forces surnaturelles, voilà ce que nous suggère la suite de ces compositions. Le mouvement lyrique et la présence de cette croix transposent dans le domaine des émotions universelles toutes ces douleurs particulières.

Au rebours de la plupart de nos peintres contemporains qui dans chaque sujet ne voient que l'anecdote, Besnard, par une tendance naturelle de son imagination créatrice, n'a voulu voir dans chaque cas particulier que ce qu'il contient de sentiments généraux propres à une portion importante de l'Humanité.

Or, comme il est avant tout un peintre, il ramène — peut-être même inconsciemment — toutes ces émotions et toutes ces pensées à des surgissements de formes et à des taches éloquentes de couleurs juxtaposées.

Dans cette première composition la gamme générale est d'un gris chaleureux avivé à notre droite par d'autres gris et à notre gauche par les courtines rouges du lit. Une fenêtre ouverte répand à profusion la lumière. D'autres taches établissent la stabilité : le brun du berceau répond au brun du pantalon de l'homme debout, les gris bleutés de sa chemise répondent au gris bleuté des draps de l'accouchée, et les gris très rosés du corps du Christ cloué sur sa grande croix de bois brun attirent sans l'accaparer l'attention du spectateur.

La deuxième composition représente le mal ou plutôt la misère humaine. En des attitudes tourmentées, dans un triste paysage d'usines fumeuses, une dizaine de malheureux font des gestes de déséquilibrés. La misère et l'alcool sont les sœurs de la folie et de la dégénérescence. Cloué sur sa croix, le Christ apparaît derrière eux, les yeux levés vers son père, et semble l'implorer pour toutes ces détresses...
Le tout se joue dans les gris très fins, rehaussés des taches bleues ou bleu vert des vêtements de ces malheureux. Le paysage industriel est dramatique. Les attitudes sont presque mélodramatiques. C'est une vision d'épouvante, mais que la finesse des tons assagit. Besnard, dans cette composition, a cédé à ce je ne sais quoi de théâtral qui, certains jours, le repose de la concentration de pensée et du calme des attitudes. Le Christ est d'un dessin et d'un modelé magnifiques.

Voici *la Mort* précisée par un cadavre décoloré parmi les draps gris de sa couche. Auprès du lit, en vêtement brun, un homme pleure. Le sol est rougeâtre[1]. Vers la porte s'éloignent trois formes en deuil. Conduite par de vieilles gens, l'enfant orpheline va passer le seuil pour s'en aller ailleurs continuer à vivre. Le Christ, cloué sur sa croix, se penche vers celles qui partent. Il est émouvant et magnifique[2]. Les médicaments placés sur la table, à côté du lit de la morte, forment une nature morte admirable.

La prière des abandonnées! Devant la Vierge en manteau noir et tunique rouge tenant sur ses genoux son fils mort et la tête relevée vers le ciel où flottent des nuées grises, trois femmes en noir forment un groupe d'imploration silencieuse.

1. Cette peinture s'est abîmée. Les trois autres compositions paraissent intactes. Dans la sainte Élisabeth du mur sud, les gris ont souffert; les cinq autres grands tableaux paraissent intacts.

2. Dans chaque composition cette croix et ce crucifié se fondent dans l'ensemble. Ils gardent leur caractère d'apparition immatérielle. Les photographies ne peuvent donner l'idée de ce fondu. Elles durcissent tout.

J'admire le mysticisme émouvant et sobre de cette représentation de la douleur humaine et de la douleur divine se confondant dans un même appel éperdu vers Dieu. On sent que la Vierge douloureuse est l'intermédiaire. C'est pour les autres qu'elle prie et non pas pour elle-même. Cependant c'est sa propre douleur qui la rend si pitoyable à la douleur de celles qui l'implorent. Ainsi s'établit entre le Ciel et la terre la communion des Saints.

Posée sur le sol, car elle représente la réalité, mais forçant le Christ à lui apparaître par l'intensité de ses prières, une femme en noir agenouillée soutient les bras étendus de son fils nu, d'une maigreur et d'une faiblesse extrêmes. Des bandelettes entourent ses membres déformés. Il détourne la tête comme s'il déséspérait, et sa mère, en le soutenant, le présente, pour qu'il soit guéri, au Consolateur des affligés. Ici le Christ est représenté dans une gloire et les pieds sur des nuages. C'est le Christ triomphant à qui appartiennent le droit et le pouvoir de guérir.

Dans le fond et à notre droite, l'Humanité sous la forme d'un adolescent contemple et espère le miracle.

Sur le mur sud, la série se continue par des peintures pénétrées d'un espoir de rédemption. Le Christ est encore présent, mais il n'est plus cloué sur la Croix. C'est le Christ ressuscité pansant les blessures et guérissant les malades.

Voici la composition la plus touchante. Un accent de vérité la vivifie, une émotion personnelle lui donne un accent dramatique.

Dans une salle d'opération, un enfant nu et endormi est opéré à la gorge par un chirurgien penché derrière lui et sur lui. Un autre chirurgien en tablier bleuté est debout prêt à intervenir. Une religieuse en mante noire et tablier blanc avance l'ouate nécessaire. Derrière cette scène silencieuse le Christ debout et en prière implore son père pour qu'il accorde la guérison du malade.

D'un dessin large, magnifique et sûr, d'une belle couleur grise pénétrée de jaune avec les accents vigoureux des noirs et des notes de lumière, cette composition est peut-être la plus belle.

Besnard avait vu à maintes reprises cette scène d'opération. Il l'a copiée en réaliste, il l'a transposée en poète et il l'a spiritualisée par la présence morale de celui qui sanctifie tout.

La Bonté divine inspirant et bénissant les bonnes œuvres, tel est le sujet de la septième grande composition. Une femme en noir fait l'aumône à un vieillard en sombres haillons. Une famille heureuse adossée contre le mur de sa maison (homme jeune debout à côté d'une jeune mère tenant son bébé dans ses bras) contemple avec sympathie cette œuvre de charité. Le Christ sur un nuage fait un geste de bénédiction et les stigmates de ses mains projettent sur l'humanité des rayons pacificateurs. Derrière lui une religieuse sur le perron d'un hôpital fait un geste de bienvenue à une petite fille qui lui tend les bras. Le paysage s'avive de quelques verdures. On sent un bonheur paisible et durable.

Du point de vue couleur, cela est d'un ensemble infiniment délicat et fondu. Le dessin de la famille heureuse est délicieux. L'enfant blotti dans les bras de sa mère est charmant. Le Christ est magnifique et émouvant.

La Bénédiction du travail et la construction de la cité future, tel est le sujet du huitième et dernier panneau.

C'est un paysage très tranquille et très mouve-

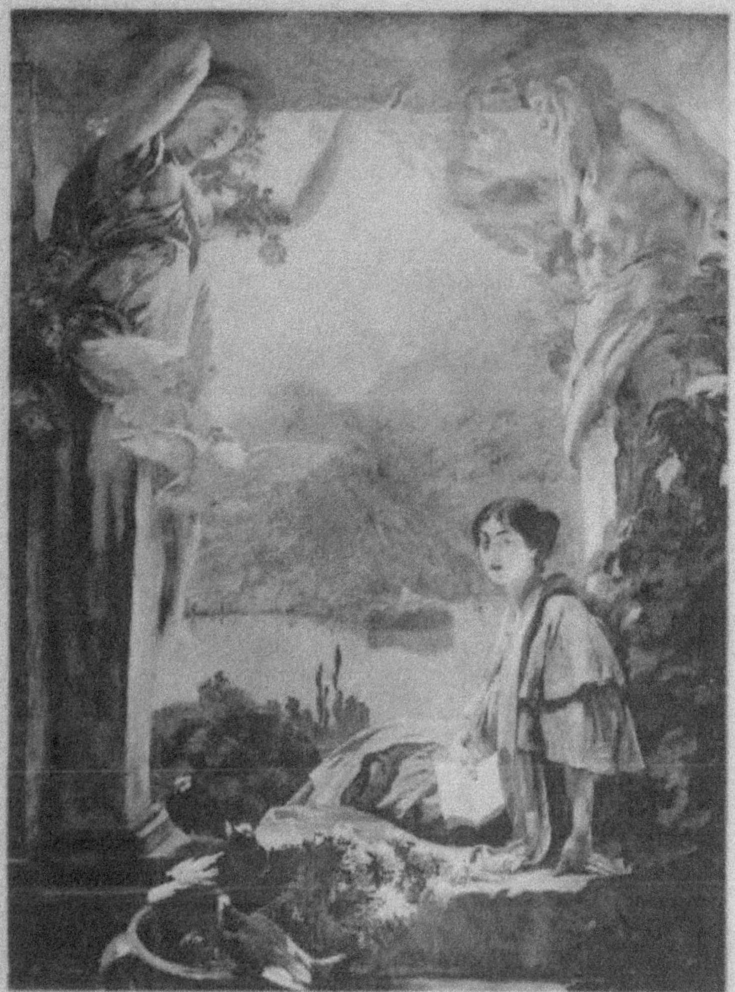

LES CARIATIDES

menté. Un cheval impétueux le long des sillons tire
la charrue que conduit joyeusement un homme
jeune. Une mère berçant son enfant s'associe de
cœur à ce travail. D'autres personnages font des
gestes expressifs mais tranquilles et reposés. Un
jeune homme lit. Une jeune femme se repose sur
son épaule. Un ouvrier, son travail fini, la pioche
sur l'épaule se dirige vers l'une des barques flottant
sur un fleuve tranquille. L'une de ces barques
pleine d'âmes heureuses remonte doucement le courant[1]. Un ange la conduit. Ils vont vers la cité
future dont les murs se dessinent à l'horizon déjà
hauts bien qu'inachevés. Autour de ces murs et de
ces échafaudages des colombes amoureuses signi-
fient douceur et joie. Un Christ triomphant dans
sa gloire bénit toute cette humanité, son désir de
bonheur et ses efforts vers le bien.

L'INSTINCT DU DÉCORATEUR

Savoir qu'Albert Besnard — dans la maturité
de son âge et dans l'éclat de sa réputation — a con-

1. On peut la comparer à la Barque de *l'Ile heureuse*. La
pensée est ici bien plus haute et bien plus touchante.

sacré deux années à l'exécution de cette œuvre
immense, pour une église d'hôpital située dans un
pays désolé, loin de toute communication avec
les centres artistiques, sans préoccupation d'hono-
raires[1] ni même de satisfaction d'amour-propre,
voilà un trait de caractère qu'il importe de mettre
en lumière.

Le cœur de Besnard! c'est ici qu'on peut
apprendre à le connaître. La discrétion naturelle
de cet artiste, sa réserve constante, le lointain de
son attitude et ce je ne sais quoi d'un peu olym-
pien qui lui est naturel pourraient donner le change
sur son caractère vrai.

Mais il faut juger les hommes par leurs actes.

L'artiste qui a tracé sur les murs d'une église
d'hôpital — pour se satisfaire lui-même — ce
magnifique poème de la Douleur, de la Résignation et de l'Espoir, est — au suprême degré — un
artiste désintéressé, tout entier consacré à son art,
pensant en peintre, souffrant en peintre, et s'ex-
primant en peintre.

1. Tout a été fait gratuitement. On a pu voir en outre au Pavillon de Marsan l'esquisse d'un chemin de croix que Besnard
avait ébauché. Peut-être le reprendra-t-il quelque jour...

C'est aussi et avant tout un artiste décorateur. C'est par les travaux faits sans commande par élan du cœur et dans l'absolue indépendance de son choix qu'un artiste donne la mesure de ses qualités essentielles. Chaque peintre, quand il travaille pour soi-même, choisit d'instinct le domaine où il trouvera l'emploi de ses facultés principales. Besnard a choisi l'art décoratif. Il se trouve que ce domaine est, à nos yeux, le plus important et le plus difficile de tous.

Est-ce à dire que la supériorité éclatante de ses dons — dans ce domaine particulier — doive nous rendre injuste pour le reste de son œuvre? On verra par la suite que cette opinion n'est pas la nôtre. Comme tous les grands peintres, Besnard a traité tous les sujets et il a fait des chefs-d'œuvre à peu près dans chaque domaine.

La seule conclusion que nous voulions déduire pour le moment des observations déjà faites, c'est que sa qualité essentielle est d'avoir su couvrir de grands espaces muraux en accord avec le rythme de l'édifice, avec la destination du lieu et d'avoir su exprimer des pensées importantes ou suggérer des émotions d'ordre universel par des moyens exclusivement picturaux.

LES AUTRES DÉCORATIONS

L'examen que nous venons de faire de quelques œuvres décoratives d'un intérêt capital nous dispense d'étudier en détail des œuvres moins importantes quoique dignes d'admiration.

La décoration de l'une des sources à Evian a été pour Besnard l'occasion d'inscrire dans une large arabesque de belles formes rehaussées de belles couleurs, et le plafond de l'ambassade de France à Vienne a représenté avec bonheur un sujet qui ne se prêtait pas à une transcription littérale.

« En vêtements somptueux l'Autriche tend les bras au génie de la France. »

Ce plafond vaut par la liberté heureuse du dessin, par l'ampleur et la magnificence des formes, par la richesse du coloris. C'est une peinture de fête. C'est une décoration de gala. Ne lui demandons pas l'intensité d'émotion, ni le raccourci de pensée des peintures de Berck, de l'amphithéâtre de Chimie ou de l'École de Pharmacie.

De cette peinture de fête on peut rapprocher le carton de vitrail lumineux exécuté pour l'Exposition Internationale de Venise [1] et qui représente les arts de la France apportant à Venise l'effigie de la Ville de Paris. Agréable prétexte au groupement de belles formes féminines!

Besnard a fait beaucoup d'autres cartons de vitraux. Il en a dessiné pour sa propre maison, rue Guillaume Tell, il en a dessiné pour l'Hôtel Bing de la rue de Provence et qui furent exécutés par Tiffany. J'ai déjà cité ceux qui sont conservés au musée des arts décoratifs du Pavillon de Marsan. Dans la salle à manger de M. Denys Cochin il y a trois immenses vitraux et qui sont d'une grande ampleur de composition et d'une grande vivacité de couleurs. On en trouve encore en divers hôtels particuliers de Paris et dans quelques monuments. L'équilibre des taches de couleur et la liberté heureuse du dessin des personnages sont les qualités principales de ces compositions décoratives.

1. Cette exposition, où Besnard envoya un ensemble de ses œuvres, est de 1908.

De *l'Ile heureuse* on peut rapprocher un autre grand panneau décoratif intitulé *la Montagne* fixé dans le grand salon de M. Richard Bouwens van der Boigen à Paris[1]. Comme coloration et distribution de taches cette composition rappelle de près « l'Ile Heureuse ». L'idée en est plus claire. A gauche c'est la montagne verte et la vie primitive représentée par des Faunes. A notre droite c'est la mer bleu verdâtre et la vie civilisée représentée par une calme petite ville gris bleuté blottie sur un promontoire et d'aspect presque italien. Descendant de la montagne et se dirigeant vers la cité un homme à peu près seul suit un dur chemin rocailleux. Il porte dans les bras une femme vêtue de rouge. Pour ce demi-civilisé le premier geste est celui de la protection. Un immense ciel bleu et jaune enveloppe toute la composition.

Du plafond des *Idées*, on peut rapprocher le plafond de *la Fée des neiges* peint pour l'Hôtel Bing de rue de Provence et qui s'y trouve encore. Et l'on peut enfin rassembler dans le même souvenir deux très belles peintures ovales représentant,

1. 8, rue de Lota.

l'une : une mère donnant le sein à son enfant sous une treille chargée de raisins et assise dans un décor de jardin où abondent les fruits ; l'autre, une jeune fille assise au pied d'une colonne dans un décor de jardin printanier où surgissent de partout les fleurs qu'elle respire. Elles ont été peintes pour la villa Sapinière à Évian et appartiennent à M. le baron Vitta.

Deux panneaux intitulés *Pensée* et *Rêverie* recueillis par M. Maciet, ce modèle des amis du Louvre, ont été légués par lui au Musée du Luxembourg. Ils sont d'une fraîcheur et d'un éclat admirables.

LA DÉCORATION D'UN PIANO

Grand amateur d'art, M. Vitta eut un jour le caprice de se faire construire et de faire sculpter en plein bois par le statuaire Alexandre Charpentier la caisse d'un vaste piano de concert et il demanda à Besnard de le décorer de peintures. Le résultat fut surprenant.

Sur la face intérieure du couvercle, parmi des laques d'or qui font penser aux grands Japonais,

Besnard a peint un corps nu de jeune femme alanguie par les ondes musicales où elle s'abandonne. Tout le long de la ceinture du meuble il a représenté en sujets distincts mais reliés les uns aux autres par une sorte d'unité foncière (que rend visible la distribution des taches de couleur) *la Symphonie*, c'est-à-dire des personnages écoutant dans un jardin ; *la Chanson rustique*, c'est-à-dire des paysans attablés ; *l'Amour tragique*, un couple effréné parmi des cadavres ; *la Chanson héroïque*, départ de cuirassiers ; *la Marche funèbre*, accompagnant la civière d'un chef de cuirassiers ; *la Prière*, femmes en deuil devant le soleil couchant ; *l'Abandon* d'un amoureux qui se désespère dans un parc d'où se détache une barque ; *l'Amour heureux*, couple enlacé ; *la Chanson du travail*, forgeron battant l'enclume en cadence et qui se relie au rythme musical de tous les bruits dans la nature que nous fait sentir un torrent sonore sur un lit de pierres. Sur les rives, rêve un poète.

Cette œuvre est petite par les dimensions mais importante par l'ingéniosité, le sentiment et la richesse du coloris.

LA SALLE A MANGER DE M. ROUCHÉ

Dans l'œuvre immense de Besnard, la décoration peinte pour la salle à manger de M. Rouché, rue d'Offémont, représente un délassement. La pièce était relativement petite. Les panneaux étaient de dimensions restreintes. On désirait des sujets reposants et gracieux. Besnard s'est amusé à les peindre. Il a donné l'essor à sa fantaisie. Complétée par les bronzes d'applique, les cristaux et le lustre électrique de René Lalique, cette salle à manger forme un ensemble extrêmement riche et gracieux.

Les panneaux représentent des enfants nus se jouant sous des médaillons qui représentent des comestibles. Ici deux bambins nus, armés d'arcs et de flèches, s'épouvantent devant des cygnes qui se rebellent. Dans le médaillon un lièvre qui détale représente La Chasse. Tout à côté un bambin nu avec une toque de cuisinier fait dans une immense poêle sauter une omelette. Deux chats et un coq le regardent. Le médaillon représente des bœufs et des volailles. Plus loin, trois bambins nus portent

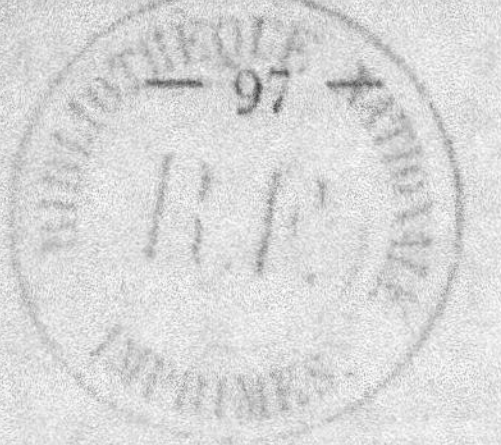

un immense poisson et, dans le médaillon, des pêcheurs dans une barque jettent leurs filets par le gros temps. C'est la pêche. Les dessus de portes représentent ici des fruits, là des fleurs, plus loin des légumes, vers lesquels se hausse un bambinet.

Face aux fenêtres, au-dessus d'un meuble de desserte, sous une sorte de portique, deux enfants nus regardent une énorme montagne, dont Besnard n'a voulu voir que la gentillesse. Des roses, des roux fauves et des verts bleus donnent à cette composition un charme extrême.

Entre les deux portes, encadrant une cheminée plate de marbre jaspé, autour d'un masque de fontaine d'où l'eau pourrait jaillir, deux adolescents semblent rêver aux accordailles. Le jeune homme est nu. La jeune fille est drapée. Ce sont des grisailles qui valent par le dessin, le modelé et la gamme ardente des gris. L'ensemble est d'une tonalité riche et délicate.

Besnard a voulu ici exécuter une œuvre aimable, gracieuse, gentiment fantaisiste et spirituelle. Il a réussi. Lieu de repos et de conversation, féerie charmante où les jaunes, les rouges, les verts et les gris forment une gamme très brillante, cette décoration de salle à manger est l'une des plus jolies que l'on puisse voir.

LA COUPOLE DU PETIT-PALAIS

En 1911, a été marouflé sur les quatre grands panneaux du Petit-Palais un ensemble décoratif des plus importants.

Pour tracer les esquisses de cette décoration il est clair que Besnard s'est d'abord pénétré du style, du caractère et de la destination du monument qu'il était chargé de décorer. On sent qu'il s'est bien gardé de reprendre dans ses cartons des esquisses toutes faites pour les adapter avec plus ou moins de bonheur à l'ensemble décoratif qu'on lui demandait d'enrichir. C'est devant l'espace à couvrir qu'il a d'abord réfléchi.

Besnard sait que son rôle est de se soumettre aux conditions du problème et par conséquent de se plier à la conception architecturale. Il lui appartient, dans une certaine mesure, de mettre en valeur les qualités et d'atténuer les défauts. Il lui est permis, par la simplicité même de sa composition, de rétablir un ordre que trop de détails étouffent. Il peut enrichir, au contraire, quand il y a pénurie. Il peut réchauffer et il peut calmer. Il sait que son rôle est immense et indéterminé.

On sent qu'un artiste comme Besnard, quand il compose ses cartons, suit en pensée le rythme général de l'édifice (quand il y en a un) et le rythme particulier de la salle qu'il décore. Pendant le travail à l'atelier, ses yeux matériels ne voient que la surface blanche de son papier ou de sa toile tendue sur un châssis, mais il contemple aussi en imagination ce que ses yeux matériels ne peuvent distinguer, c'est-à-dire l'ensemble décoratif, et tout ce qu'il dessine, tout ce qu'il arrange, tout ce qu'il combine, tout ce qu'il peint est subordonné à cette vision d'ensemble de sorte que les surfaces colorées deviennent partie inaliénable d'un tout. Elles ont été exécutées en fonction d'un ensemble, elles ne peuvent être jugées que fondues dans cet ensemble.

C'est pourquoi beaucoup d'admirateurs de M. Besnard ont regretté qu'il nous ait montré, au Salon, sans recul et toutes nues, des peintures qui

ne peuvent être comprises que vues à leur place —
à une hauteur d'environ seize mètres — encadrées
et comme gainées par les stucs de M. Albert Giraud.
Hors d'échelle et d'un modelé en apparence sommaire, ces peintures ne pouvaient être que mal
comprises. Leur principale qualité — et on ne
peut la leur dénier aujourd'hui — c'est d'être exactement et parfaitement adaptées à leur situation, à
leur destination, et de rehausser singulièrement un
ensemble architectural qui n'est pas irréprochable.

Placées où elles sont, ces grandes compositions
livrent aussi beaucoup plus facilement le petit
mystère de leur signification. Quand il les exposa
pour la première fois, M. Albert Besnard crut devoir guider le public par une page de littérature insé-
rée au catalogue. En général je n'aime pas beaucoup la littérature des peintres[1]. C'est toujours
mauvais signe, pour une œuvre, que d'avoir besoin
d'explications inscrites dans son titre et dans son

1. Besnard aime à écrire. En 1897 il se chargea de « l'In-
troduction » au salon annuel et la publia dans « la Gazette
des Beaux-arts ». M. Gabriel Mourey, dans son ouvrage sur
Besnard, a recueilli des réponses écrites avec soin à diverses
enquêtes instituées par des littérateurs. Il a publié aussi ses

sous-titre. Une œuvre doit s'expliquer elle-même.
Ces quatre grands panneaux sont assez clairs pour
n'avoir pas besoin des commentaires de l'artiste. Et
ces commentaires ont encore un inconvénient,
c'est de nous faire sentir quelles « intentions »
n'ont pas pu être réalisées. Il est vrai qu'ils nous
enseignent aussi jusqu'à quel point la personnalité
d'un grand artiste déborde et dépasse sa
conception théorique. En nous disant ce qu'il a
voulu faire M. Albert Besnard nous aide à discerner ce qu'il y a d'inconscient dans son œuvre. J'ose
dire que sa riche et forte personnalité s'exprime
moins bien par des mots que par les élans picturaux de son imagination, de son cœur et de sa virtuosité.

Prenons, par exemple, le grand panneau que
M. Albert Besnard a intitulé : *la Mystique*. Si
nous l'en croyons, il n'a voulu représenter qu'une
scène traditionnelle : « le couronnement de la

discours et allocutions à diverses cérémonies ou banquets,
notamment au banquet offert à Eugène Carrière. Besnard a
écrit en 1900 la préface de l'exposition de Rodin et il a
envoyé au *Figaro* pendant son voyage aux Indes des articles
qui ont été depuis réunis en volume chez l'éditeur Fasquelle.

Vierge dans le ciel et la lutte du chevalier chrétien — sorte de saint Georges — contre le dragon.

Quelle est, au contraire, la signification qui s'impose à nous? Cette jeune femme en tunique rose et en manteau bleu que couronne dans le ciel une figure juvénile en manteau héraldique, sorte de symbole de la monarchie française, créatrice de notre unité, prend à nos yeux la grandeur d'une figure symbolique dont précise encore le sens profond cette magnifique cathédrale représentée à ses pieds — Notre-Dame — c'est-à-dire le monument caractéristique du grand effort anonyme qui rassembla pour en faire une nation unanime tous les petits peuples provinciaux de race et de langue franques. Effort prodigieux qui se perpétua pendant des siècles et qui aboutit à constituer la France, de même qu'un travail collectif et anonyme de plus de deux cents ans éleva sur les bords de la Seine l'indestructible et splendide cathédrale métropolitaine.

Gesta Dei per Francos! Dieu le père contemple et bénit ce couronnement de sa fille aînée.

Mais il convenait que fût représenté l'artisan de cette grandeur nationale. Cette figure de chevalier

en armure, chevauchant son genêt de combat,
c'est beaucoup plus que saint Georges : c'est le
« Croyant », c'est-à-dire l'homme qui a espéré en
l'avenir, qui a cru dans le triomphe de l'unité,
qui s'est dévoué à la grandeur collective de la
nation. Il me plaît que ce Croyant, au moment
même où il combat contre les forces du mal, c'est-à-
dire contre la haine, contre l'envie, contre toutes
les forces de désagrégation, ait le regard tourné
en dedans, les paupières presque entièrement
baissées, afin de nous faire sentir qu'il ne travaille
ni pour une gloire ni pour un intérêt personnels,
mais pour obéir à un idéal intérieur, à une con-
viction et à une foi. Aussi le dragon rugissant du
feu et qui tombe dans l'abîme portant sur le dos
les débris de la lance mortelle qui s'est brisée dans
ses reins par la violence du coup, n'est-il pas une
bête légendaire quelconque, dragon ou chimère,
mais le symbole même de toutes les résistances
dont il a fallu que les Croyants triomphassent pour
que se formât et vécût la vieille France patrimo-
niale, héréditaire, à laquelle nous sommes attachés
par toutes les forces de l'hérédité, de la reconnaissance et de l'amour.

ALBERT BESNARD

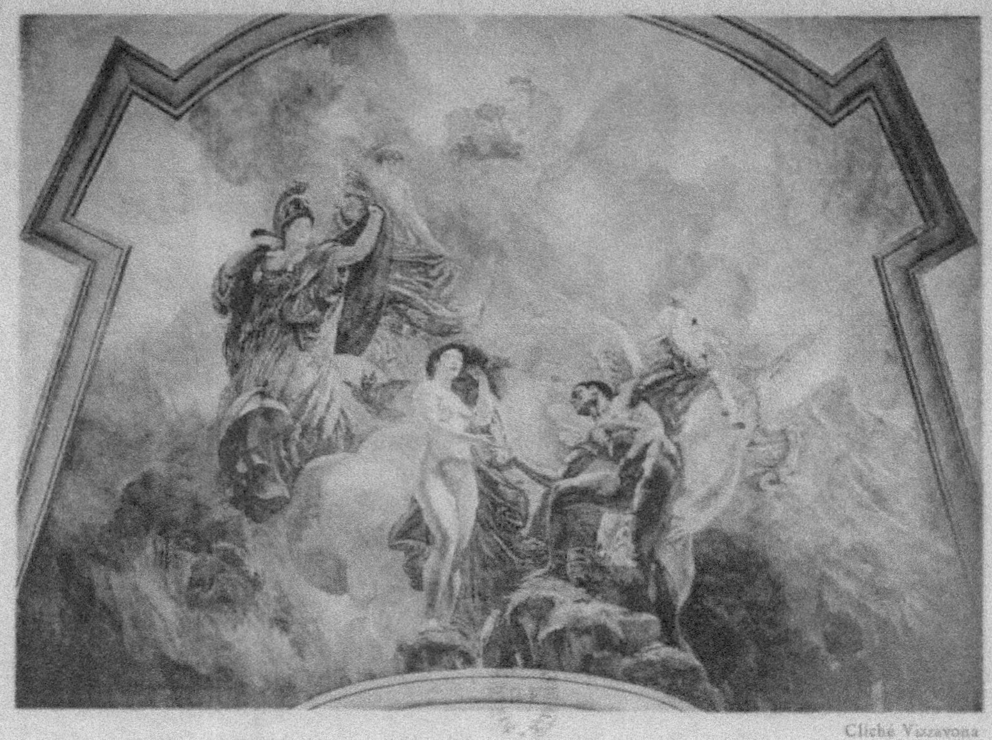

Cliché Vizzavona

LA PLASTIQUE

Et je veux bien que ce grand panneau représente
« la Mystique », c'est-à-dire l'élan des cœurs vers
Dieu et la Religion; mais c'est surtout un hymne
joyeux en l'honneur de notre vieille France, un témoignage de reconnaissance envers les croyants
qui l'ont faite, un acte de foi dans son avenir et un
hommage envers l'art chrétien considéré comme
l une des expressions de notre âme nationale.

*
* *

Dans le grand panneau qui fait face à l'entrée,
M. Albert Besnard a représenté l'Homme maître
de tous les Arts puisqu'il a maîtrisé Pégase (il le
retient de la main gauche) et offrant à la Beauté
matérielle, c'est-à-dire à la beauté des formes
représentée par une belle jeune femme nue, l'o-
range ou la pomme symbolique. Il n'y a pas de
pensée sur ce visage de femme. L'harmonie de ses
formes et sa majesté tranquille ne se compliquent
d'aucune intention intellectuelle. Elle est belle
comme un vase, comme un paysage, comme une
perle brillante ou comme un jeune arbre au printemps. Derrière elle se distinguent une Minerve au

beau manteau, une Junon aux bras blancs et, dans les hauteurs de l'Olympe, un Jupiter à belle barbe à qui Ganymède verse l'eau d'un beau mouvement.

Nous sommes cependant très loin d'un banal « Jugement de Pâris ». Hommage envers les idées chrétiennes qui nous ont fait ce que nous sommes, tel était l'autre panneau. Hommage envers la beauté sans pensée et souvenir enchanté pour toutes les mythologies qui ont aussi contribué à notre formation morale, voilà ce que nous offre le second panneau.

Et je ne parle ni de l'élégance du coloris, ni de l'ampleur des figures, ni du style plein de grandeur, ni de la liberté d'exécution. Tout cela est d'un grand peintre.

*
* *

Le troisième panneau représente *la Pensée*. Un jeune homme, la main et le doigt tendus vers l'abîme, interroge la Mort sur l'éternel problème de la destinée humaine. L'effrayante Camarde répond par un geste qui veut dire : « Mieux vaut ne pas interroger. » Contre la poitrine de l'homme une jeune femme se presse amoureusement. Étant femme, elle est toute tendresse. C'est dans son amour qu'elle résume sa vie. Elle n'interroge pas la Mort. Il lui suffit d'aimer. C'est dans leur amour mutuel que ce couple humain trouvera les raisons de vivre et d'espérer !

Ce symbole est magnifique. On ne peut être plus clair, plus philosophe, ni plus pictural. Derrière ce groupe de trois personnages, dans les nuées, assise sur l'orbe terrestre, une jeune femme médite avec une étoile au-dessus du front.

Si j'en crois M. Albert Besnard, elle représente « la pensée du monde ». Mais alors elle fait double emploi avec la figure de ce jeune homme interrogateur et que l'on sent penché sur le problème le plus grave qui puisse se présenter à l'esprit d'un penseur : l'énigme de la destinée humaine. Et cette figure féminine, si tranquille et sûre de soi, est bien moins intense et bien moins émouvante que celle de ce jeune homme.

Il nous plaît de penser que — le voulant ou non — M. Albert Besnard a représenté — assise sur le globe terrestre — la réponse à la question qui se pose au premier plan, c'est-à-dire la Foi qui, quelle qu'elle soit, apaise les inquiétudes et rasséréne les âmes. Que M. Albert Besnard ne me reproche pas de restreindre la portée ni la signification de cette partie de son œuvre : que ce soit au temps de Platon, des Ptolémée, de Jésus, de saint François d'Assise ou des théoriciens du matériarialisme, il n'y a eu de repos que pour les hommes qui avaient su se faire une réponse à l'angoissant mystère du devenir humain. Or, comme il n'y a jamais eu de réponse purement rationnelle à cet incessant problème, c'est par un acte de foi, fût-ce de foi au néant quand il s'agissait de païens, que les hommes, dans tous les temps, ont retrouvé un peu de paix. Aussi longtemps qu'ils interrogent, les humains demeurent dans l'angoisse. Ils ne connaissent le repos que lorsqu'ils se sont répondu.

J'ajoute que la couleur livide de ce panneau est d'un grand effet tragique. La figure pacifiante du fond n'en est d'ailleurs que plus exquise.

*
* *

La quatrième partie du plafond représente la vie universelle partout répandue sur la terre et dans les airs. Un Faune, qui symbolise toute la nature vivante, se replie en forme de conque (ah! quel très beau mouvement!) pour recevoir des hauteurs célestes et apporter sur la terre, en se laissant tomber précautionneusement, la femme primitive (d'un magnifique modelé!) qui va continuer ici-bas l'œuvre de vie. Des semences innombrables, germes de vie végétale, de vie animale et de vie humaine, sont partout et joyeusement répandues dans ce tableau. Ce sont des amours agiles montant et redescendant. Il nous font sentir l'éternel échange entre le connu et l'inconnu, entre l'avenir et le passé, entre le ciel et la terre, entre la vie et la destruction. Un cadavre, dans un coin, fixe pour nous l'état intermédiaire que nous appelons la mort, c'est-à-dire le moment où nos molécules terrestres ne sont pas encore dissociées et retournées au grand travail anonyme de la nature en gestation d'autres vies et d'autres êtres formés des débris de l'être qui vient de se désagréger.

Ajoutons enfin que ce plafond, capital à tant d'égards, est tout aussi important du seul point de vue « peinture ». Composition, coloris, modelé et plus encore peut-être sentiment décoratif forment ici un ensemble qui épouse la forme de la coupole, ne la troue nulle part, se limite à la décorer et forme par conséquent une œuvre magnifique, de quelque façon qu'on veuille l'envisager.

Le seul reproche justifié qu'on ait pu adresser au peintre, c'est d'avoir fait se détacher ses figures sur des fonds trop vastes et partant un peu froids. Il se peut que la mise en place et le recul aient fait apparaître cette particularité qui à l'atelier n'avait pas été sensible. Ce défaut aurait pu être corrigé sur place si l'élévation de cette coupole et la quasi impossibilité d'y élever des échafaudages de travail ne rendaient cette retouche impossible.

LE BESOIN DE RÉALISME

Dès maintenant nous possédons de précieux éléments d'appréciation pour rassembler dans un coup d'œil d'ensemble les qualités principales du peintre et pour entrevoir les limites de ce magnifique talent.

Au sortir des grands travaux qu'exigent ces décorations Besnard éprouve le besoin de se renouveler dans l'observation littérale de la réalité. Ces grandes interprétations lyriques impliquent un effort d'imagination, un élan et une fougue dont les plus grands sortent las, comme harassés, ayant le sentiment d'avoir perdu le contact avec la vérité objective et la réalité quotidienne. Pour reprendre contact avec la réalité, il est nécessaire que l'artiste fasse venir à nouveau le modèle. C'est un repos. C'est un bain de réalité, un contact avec la nature toute nue. C'est aussi une gymnastique intellectuelle, ce sont des exercices d'assouplissement. Il fait des gammes. Il s'astreint à être fidèle, à copier avec exactitude et c'est de ces périodes de repos que sont sorties, à toutes les époques de sa vie, tant d'œuvres petites et grandes qui ont fait dire à juste titre que Besnard est un réaliste.

Quelques-uns ont cru voir une contradiction entre cette série si nombreuse de tableaux qui semblent transcrits directement de la réalité et les grandes œuvres où il donne libre cours à son imagination, à sa fantaisie et à son lyrisme. Il est plus juste de dire que ce réalisme et ce lyrisme sont les deux aspects complémentaires d'un même caractère et d'un même génie. Ils sont toujours jeunes les symboles où les Grecs enfermèrent sous une fiction poétique une vérité éternelle, et il se vérifiera indéfiniment le mythe qui nous représente la jeune Antée reprenant contact avec la terre pour y puiser à nouveau les forces nécessaires à son élan, à sa course et à sa victoire !

LES PORTRAITS ET LES NUS

Les portraits et les études de nu sont pour Besnard une occasion de se placer à nouveau en face de la réalité et de s'astreindre à la copier. Beaucoup d'entre eux sont d'un réalisme presque absolu.

Les études au pastel notamment sont presque toujours exécutées d'après des modèles professionnels qui ne se recommandaient à l'attention du peintre que par une sorte de beauté animale généralement plantureuse et blonde. Ces études sont très nombreuses et ont été pour la plupart exécutées en une séance. Répandues à profusion, elles ont contribué, dans une grande mesure, à populariser l'œuvre et le nom de l'artiste. Nous ne pou-

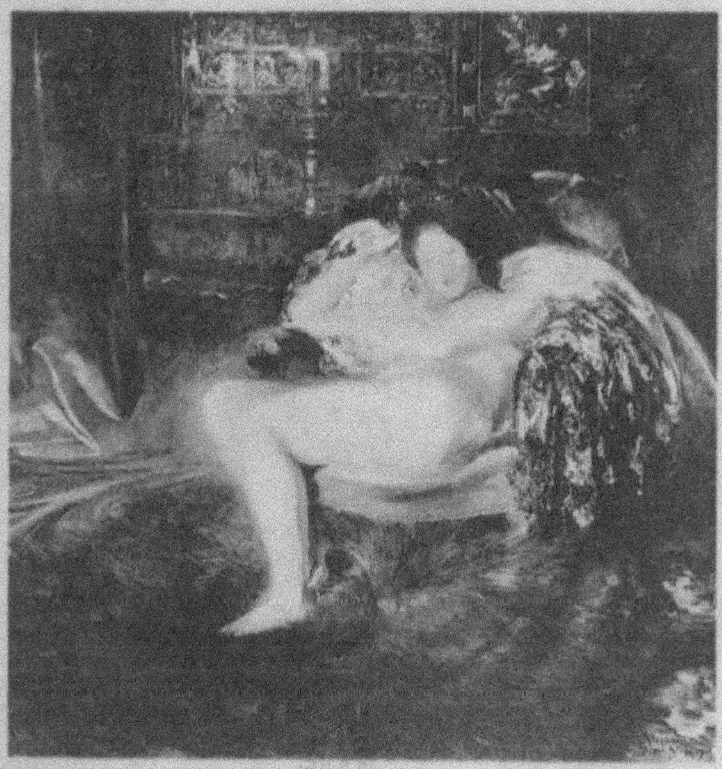

Cliché Moreau

FÉERIE INTIME

vons cependant leur accorder une grande importance. Ce sont des exercices ou des délassements.

En certains tableaux, au contraire, dont le nu a
été le motif, Besnard a résumé ses observations de
détail pour aboutir à une synthèse.

L'un des plus beaux, *Féerie intime,* est daté de
1901. Dans une fête donnée par une reine en exil,
Besnard avait remarqué une jeune femme habillée
d'une robe de bal éclatante et splendide, « une robe
toute brodée d'astres sur un fond de nuit
d'Orient... » Rentré chez lui, l'artiste imagina le
retour de celle qui portait cette robe. Il la vit en
imagination se dévêtant dans sa chambre à demi
éclairée, s'asseyant dans un fauteuil familier, s'al-
longeant, étirant ses membres souples, et s'aban-
donnant au souvenir ou au rêve. L'aube s'annonce
derrière les persiennes closes, à travers les fentes,
et se joue sur les rideaux.

C'est cette vision qu'il a voulu peindre. Un je ne
sais quoi de sensuel et de mystérieux se joue autour de cette jeune femme nue. Elle se croit seule
et nous l'admirons. Une clarté rayonne d'elle et se
propage jusqu'à nous. Tous les détails dans cet
intérieur contribuent à enrichir et à compliquer

notre émotion. C'est vraiment une « féerie ». Un lyrisme ardent et contenu vivifie tout le tableau.

Même dans les portraits l'imagination lyrique, qualité essentielle et dominante du tempérament de Besnard, l'entraîna souvent — peut-être même à son insu — à des recherches d'ordre général.

Au cours de sa carrière Besnard a peint une centaine de tableaux qui peuvent être qualifiés portraits. Une quarantaine d'entre eux ont été peints sur commande d'après des modèles qui avaient le droit d'exiger la ressemblance. Les autres ont été peints d'après des motifs vivants — généralement des femmes — mais en dehors des préoccupations étroites de la ressemblance. Le peintre travaillait pour lui-même et ne cherchait en travaillant qu'à se satisfaire.

Il a pu advenir que ces tableaux fussent des « portraits » au sens le plus étroit du mot. Regardons par exemple ce visage de jeune femme qui date des premières années de mariage de Besnard. C'est une toile de petites dimensions. La tonalité générale en est sombre. C'est le portrait d'une jeune servante appelée Claire qui fut au service du ménage de l'artiste pendant les premières années de mariage. Ce portrait nous montre un point de départ. L'influence de l'École est encore sensible. Cela est bien établi, mais cela manque d'aisance et de liberté. Un je ne sais quoi de mystérieux, une préoccupation d'ordre psychologique, un désir de comprendre et d'exprimer les aspirations demi-inconscientes d'une âme qui ne s'est jamais interrogée elle-même mais qui éprouve obscurément des sensations pures et profondes donne à ce portrait un charme singulier.

Nous le considérons comme un point de départ important parce qu'on peut y constater les deux tendances qui devaient peu à peu se préciser dans l'œuvre de Besnard et se développer d'une manière très inégale : le besoin de réalisme et le désir d'interpréter des sentiments généraux.

Presque purement réalistes sont, par exemple, le portrait de sa mère que Besnard exécuta au début de sa carrière, son propre portrait qui date environ de sa vingt-cinquième année, certains portraits exécutés beaucoup plus tard, comme celui de M. Denys Cochin représenté sur un fond neutre en redingote noire avec un évident souci d'exactitude, et surtout un grand nombre de portraits exécutés d'après des modèles de hasard et qu'on sent avoir été faits avec le souci exclusif de copier exactement la réalité.

D'autres « portraits » forment une sorte de transition entre les transcriptions de vérité littérale et les libres interprétations de la dernière manière.

Tel est par exemple le portrait de Mlle Gorges, jeune, rêveuse, blonde habillée de noir, qui valut à l'auteur une troisième médaille, en 1874, avant son départ pour Rome. Ce portrait marque une étape. Sans être tout à fait libéré des traditions de l'école, il est déjà d'un sentiment plus libre, plus élevé, plus proche des grandes œuvres futures.

On peut rapprocher de ce portrait celui de Mme Chausson représentée les mains sur son piano tandis que son mari auprès d'elle suit la partition en indiquant le rhytme. Ce tableau est « le portrait de deux musiciens » et non la copie exacte d'un monsieur et d'une dame posant devant un chevalet. Une préoccupation morale anime ces visages. Ce sont des « portraits » dans le sens élevé du mot.

Le groupe de la famille Lenoir nous suggère une

opinion sur la famille « cellule sociale » et sur le lien de solidarité qui serre les uns contre les autres les êtres faibles qui trouveront leur bonheur dans leur amour réciproque et leur appui mutuel.

Mme Henri Lerolle assise devant le chevalet de son mari, ayant tout contre elle les vastes cartons à dessins qui contiennent les études et devant ses genoux sa petite fille debout, c'est « la femme de l'artiste » fidèle à ses deux amours, attentive, inquiète, presque anxieuse.

Le portrait de Mlle Kohn, sourire d'adolescente heureuse parmi les boucles dénouées de sa chevelure, gentil geste puéril et indécision véridique des traits, c'est le portrait de « la jeune fille » d'autant plus attirante qu'elle est d'un charme mystérieux et ne laisse pas deviner en quel sens elle se modifiera ou se révélera quand elle sera devenue femme.

Cependant d'autres œuvres, avec plus de liberté, plus de force et surtout plus de généralité dans le sentiment exprimé par la couleur, doivent être mises au premier rang dans la série des portraits.

La révélation à ce point de vue date du portrait de Mme Roger Jourdain. Au salon de 1886 elle provoqua un scandale. L'œuvre était d'un accent nouveau. On était habitué aux « mise en toile » traditionnelles : le modèle posé devant son peintre, dans la lumière froide de l'atelier orienté vers le nord. On aimait que l'attitude fût pareille à celles qu'on avait toujours vues et que la couleur fût dans les tons assourdis. Besnard osa poser son modèle debout, adossé à une fenêtre ouverte sur un paysage de Paris, devant un intérieur de salon, et il choisit une robe brillante et très étoffée qui lui permît de se livrer à des recherches de tons et de reflets dans une gamme très colorée. C'est cette recherche qui parut inadmissible.

Ainsi conçu ce portrait ne ressemblait à aucun autre[1]. Le peintre faisait son profit des découvertes faites par les impressionnistes. Il réinventait sa palette. Il affinait jusqu'à l'extrême sa vision. Il rompait délibérément avec l'enseigement de l'École du moins dans tout ce que cet enseignement comportait de théorique et de conventionnel. Il se plaçait devant

1. Rappelons-nous cependant que ces recherches étaient du même ordre que celles qui avaient abouti bien des années auparavant à *la Femme en vert*, de Monet, et à *la Lise*, de Renoir.

une robe comme devant un visage. Il l'analysait. L'ayant située entre deux éclairages : lumière naturelle par la fenêtre et lumière artificielle dans l'intérieur de la chambre, il cherchait à donner l'impression d'un vêtement et d'une personnalité influencés par une atmosphère déterminée, par une ambiance particulière, par un jeu compliqué de tons locaux et de nuances en reflet, il individualisait son personnage, il prétendait à lui donner une physionomie générale en accord avec le milieu, et il n'accordait au visage que juste l'importance nécessaire pour que le tableau méritât le nom de portrait.

En 1905, quand on revit le portrait de Mme Roger Jourdain parmi le magnifique ensemble des œuvres choisies parmi les plus caractéristiques de la carrière de Besnard, on s'aperçut que c'était un morceau de peinture admirable et que la tradition du portrait en France avait été enrichie par cette façon nouvelle de comprendre la présentation du personnage et l'interprétation animée des objets.

L'année précédente d'ailleurs — en 1885 — en peignant le portrait de Mme Georges Duruy Besnard s'était inspiré des mêmes principes. Il l'avait représentée debout, appuyant la main gauche sur le dossier d'un canapé, vêtue d'une somptueuse et ample toilette de bal blanche rehaussée de dentelles et il avait voulu que la soie de cette robe fût animée de mille reflets vivants, chatoyants, presque contradictoires les uns avec les autres et cependant fondus dans une splendeur harmonieuse. Le fond se composait des fleurs de la soirée s'alanguissant parmi les bougies demi-consumées placées devant des glaces pour que l'éclairage fût encore compliqué de leurs reflets s'entrecroisant. Le visage nettement dessiné, fermement modelé, gardait dans cet ensemble son rôle primordial. C'était un portrait et c'était aussi un tableau de mœurs.

De la dizaine d'œuvres qui peuvent se rattacher à cette conception nouvelle de l'art de peindre d'après le modèle vivant, le « portrait de théâtre » daté de 1898 pour lequel posa Mme Réjane, est la plus importante[1]. C'est dans l'œuvre de Besnard

1. On se souvient aussi du superbe portrait en profil de Mme Albert Besnard assise dans son intérieur. Daté de 1904, il est conservé aujourd'hui au musée de Rome. C'est l'un des plus beaux portraits de Besnard, mais il ne s'écarte guère du blanc et du noir, preuve nouvelle de l'exceptionnelle variété du talent de ce peintre prestigieux.

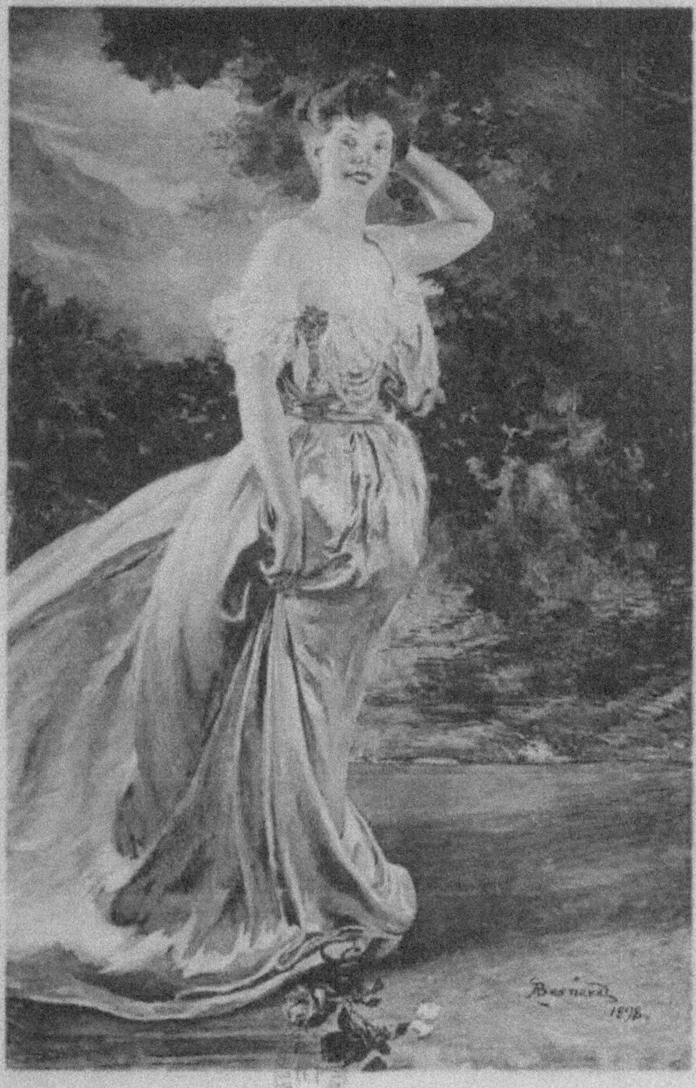

Cliché Moreau

MADAME RÉJANE

une pièce capitale et dans la série de ses portraits
un sommet. Elle se présente debout, le visage de
face, très décolletée, portant la main droite à sa
chevelure et de la main gauche relevant sa robe.
Elle se détache sur une toile de fond, décor de
théâtre, et elle marche sur une scène éclairée par
les jeux de la rampe et des herses. Des fleurs sont
à ses pieds. La vulgarité naturelle des traits du
visage est transfigurée par un sourire communi-
catif et une expression amusante et spirituelle qui lui
concilient les spectateurs. Le geste est harmonieux.
Le dessin et le mouvement sont magnifiques, mais
c'est par le flamboiment et la justesse des tons que
ce portrait s'apparente aux chefs-d'œuvre de tous
les temps. Il faut, pour lui trouver des points de
comparaisons, choisir parmi les œuvres les plus
éclatantes et les plus harmonieuses. Gustave Geffroy
a pu dire que la robe était « la plus brillante, la
plus tendre, la plus douce robe rose qui ait peut-
être jamais été peinte ».

Ajoutons que la signification de ce portrait dépasse
de beaucoup la personnalité de Mme Réjane et
qu'il est logique qu'elle ait refusé de s'y reconnaître. Ce portrait nous offre une opinion générale

sur la femme de théâtre et sur tout ce que cette profession comporte de brillant, de factice, d'artificiel et d'éphémère.

Du même ordre, bien qu'exécuté dans une tonalité presque sombre et nous faisant connaître un milieu tout différent, mais qui n'est pas sans offrir avec le portrait de théâtre certains points de comparaison, est le portrait de Mme la comtesse Pillet-Will. Elle est assise comme gainée par une robe pailletée qui fait penser à quelque Mélusine chimérique. Ce portrait, en même temps que le personnage principal, évoque certains milieux mondains affinés à l'extrême, très artificiels et d'une élégance compliquée. Dans l'exécution on sent une sorte de fièvre, un je ne sais quoi de fébrile, une nervosité presque maladive. C'est de l'art intellectuel et cérébral beaucoup plus qu'un morceau de peinture franc et sain, dénué de toute littérature. Comme c'est le caractère du motif qui a déterminé le caractère de la peinture, il est permis de croire que ce portrait est excellent.

Le portrait de la princesse Mathilde occupe, dans cette magnifique série, une place très éminente. Il vaut par la ressemblance physique et par la ressem-

blance morale. La Princesse nous y apparaît telle
que la décrivait Goncourt « touchant d'une main
distraite des choses sur la table, laissant tomber et
errer ses yeux sur le tapis ». C'est le portrait d'une
femme extrêmement cultivée, très aristocrate, princesse impériale un peu sceptique et peut-être
désabusée pour avoir vu de trop près peut-être trop
de choses. Mais ce tableau vaut aussi et surtout par
la couleur. Un poudroiement d'or et de rouge
baigne le tableau. Un abat-jour de soie jaune tamise
la lumière. Tout est chatoyant et chaleureux. Cependant il y a dans ce portrait une véritable unité
morale.

L'ÉVOLUTION PROGRESSIVE

De l'une à l'autre catégorie de ces portraits s'éche-
lonnant sur toute la carrière de Besnard on peut
suivre ses progrès, la maîtrise de plus en plus
grande de sa pensée, de ses moyens d'exécution,
et aussi l'évolution de son procédé de travail.

Au début de son expérience, il se soumettait au
modèle, il le suivait pour ainsi dire trait pour trait.

Il était, certes, trop artiste et trop bien doué pour que le scrupule de stricte fidélité l'empêchât de faire les sacrifices nécessaires. Son instinct ou, si l'on veut, ses dons d'intuition le portaient à se libérer et à généraliser, mais il n'était pas encore en possession de toutes ses forces. Il était l'esclave de son modèle.

Dans sa période de transition l'artiste demandait au modèle : « Comment vous aimez-vous ? » et il tâchait de concilier dans son jugement peint l'opinion que le modèle avait de soi-même et l'opinion que suggéraient à l'artiste les traits expressifs du visage et le caractère de la personne tout entière. La main était encore relativement timide. L'esprit était déjà plus libre. Certaines préoccucupations purement picturales, c'est-à-dire des préoccupations de lumière, de couleur et de reflets, parce qu'elles étaient en dehors de la compétence du modèle, aidaient l'artiste à se trouver lui-même et à faire une œuvre entièrement personnelle.

Parvenu à la maturité de son âge et à la pleine possession de ses forces, Besnard cessa de demander à son modèle : « Comment vous aimez-vous ? » ou, s'il le demanda encore, il cessa de tenir compte de la réponse dans toute la mesure où elle ne se trouva point d'accord avec son opinion. Visiblement il domine son sujet. Il le situe à sa place, à son rang, et il propose en même temps au public une opinion particulière sur ce modèle et une opinion générale sur la catégorie qu'il représente. Il est clair que c'est ainsi qu'il en a agi à l'égard de Réjane. L'événement a prouvé que Besnard avait raison puisque, ayant déplu à son modèle, il réussit à plaire à tous ceux dont l'opinion lui importe. Ainsi encore procéda-t-il à l'égard de Mme la Comtesse Pillet-Will et, dans une assez grande mesure, à l'égard de Mme Roger Jourdain, ces portraits célèbres n'étant pris que comme des exemples.

L'ÉVOLUTION GÉNÉRALE DE LA MÉTHODE

La même évolution psychique et la même évolution dans le procédé d'exécution pourraient être notées dans chacun des domaines où Besnard s'est exercé. Du même point de vue on ferait la même démonstration à propos de ses études de nu, à propos de ses études d'animaux et notamment de ses chevaux toujours en mouvement, si ardents, membres vifs et croupes luisantes, à propos de ses scènes de marché [1] (Abbeville ou marchés aux chevaux en Orient), à propos des études ou des tableaux exécutés jadis en Algérie [2], en Tunisie ou de la brillante série d'impressions rapportée en 1911 de son voyage aux Indes.

Dans quelque domaine que ce soit, l'évolution a été la même : d'abord la soumission à la réalité exacte, ensuite et progressivement la conquête de la liberté absolue. Constamment et à toutes les époques les périodes de travail où la mémoire et l'imagination jouent le rôle principal ont été précédées de minutieuses études sur nature et suivies d'un retour à la nature, à l'observation de la réalité, à la transcription exacte de la vérité littérale. Pour ceux qui connaissent bien l'œuvre de Besnard, toute œuvre de ce peintre se classe moralement sinon

[1]. Besnard n'est pas un paysagiste à proprement parler bien qu'il ait fait de très beaux paysages. Il ne conçoit la nature qu'en fonction de l'homme et il a pu écrire : « Jamais il ne m'a été possible de concevoir un paysage sans personnages. » Dans la campagne des Indes il n'y a pas de paysages.

[2]. Le *Café Maure* est de 1894.

chronologiquement à l'une des étapes de cette évolution.

La campagne des Indes n'a obtenu auprès des amateurs un succès si retentissant que parce qu'elle était l'aboutissement de toute une vie et le couronnement d'une méthode pendant longtemps peut-être inconsciente, aujourd'hui volontaire et systématique.

Peu de temps avant l'Exposition, les intimes pouvaient voir la série de toiles qu'il se proposait d'envoyer à la galerie Georges Petit. Elles paraissaient ébauchées plutôt que peintes. La date fixée était proche. Plus d'un parmi les admirateurs se demandait comment l'artiste pourrait être prêt. Lui-même était inquiet et d'une nervosité contenue.

Cependant il y avait sur une table d'innombrables croquis exécutés sur place soit sur des feuilles volantes, soit sur des calepins de voyage. C'est en les feuilletant que l'on pouvait se rassurer. Tous les spectacles caractéristiques que Besnard avait eu sous les yeux étaient notés sur ces feuillets par notes schématiques, arabesques cursives et notation de couleurs. En les feuilletant on sentait qu'ils étaient pour l'artiste les plus précieux aide-mémoire et qu'ils suffiraient à ranimer derrière les paupières closes, dans la chambre noire du souvenir, les visions précises de ce qu'il avait vu.

— Deux mois de solitude, dit quelqu'un, et il reviendra avec une moisson de chefs-d'œuvre!

Besnard partit en effet avec toutes ses toiles, ses ébauches, pour sa maison de campagne de Talloires. A la date fixée [1] tous les tableaux du « voyage aux Indes » se trouvèrent dans les galeries Georges Petit. Chacun d'eux avait été repris et transformé, quelques-uns avaient été entièrement faits, dans ce court espace de temps. On sait le succès extraordinaire de cette exposition [2].

Pas un exemple ne démontre mieux le rôle prépondérant de la mémoire et de l'imagination dans la puissance créatrice de Besnard. C'est un dominateur. La nature lui impose des émotions et lui suggère des idées. Mais l'intelligence de l'artiste contrôle ces émotions et sa volonté ordonne ces

1. Du 23 avril au 13 mai 1912. En cette même année, au mois de juin, Besnard fut élu à l'académie des Beaux-Arts en remplacement de Jules Lefebvre.

2. Tous les chiffres de vente furent dépassés. Ce voyage aux Indes demeure, pour la galerie de Georges Petit, le succès le plus rémunérateur qu'elle ait jamais enregistré.

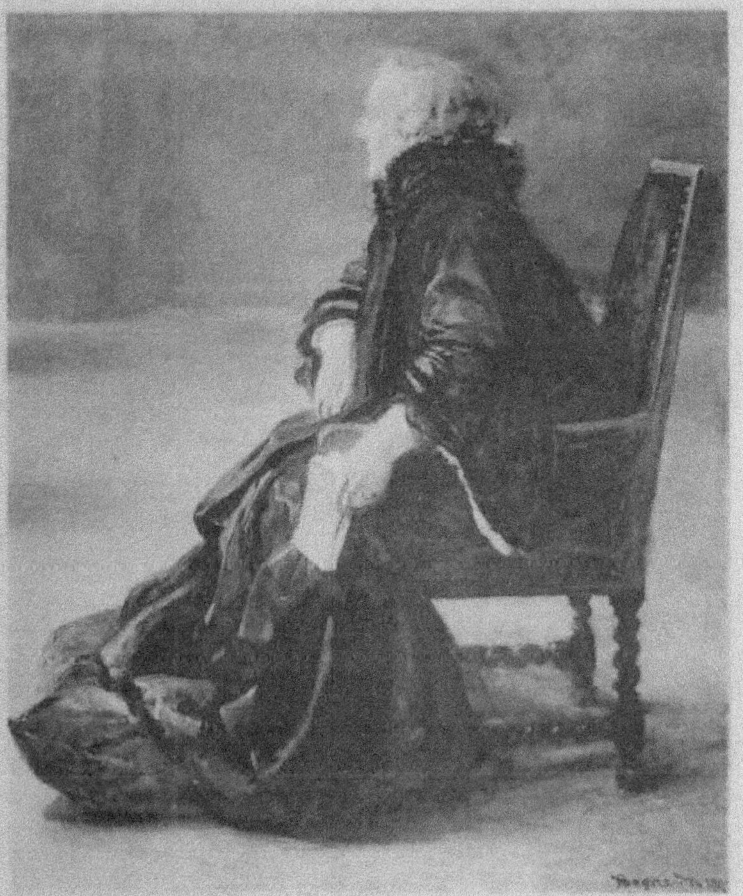

Cliché Moreau

MADAME ALBERT BESNARD

idées. Il demeure un instinctif en ce sens qu'il est
attentif à toutes les forces obscures de l'intuition
et qu'il aime à se laisser entraîner par les élans de
sa sensibilité, mais il est aussi un volontaire en ce
sens qu'il ne perd jamais le contrôle de soi-même
et qu'il gouverne toutes ses facultés avec un esprit
d'ordre et de mesure.

SA PART D'INVENTION

Par sa curiosité d'esprit et sa sympathie pour
toutes les nouveautés de couleur ou de mise en
toile Besnard a pu paraître un révolutionnaire — et
il l'a été à son heure. Par son esprit d'ordre et son
clair bon sens il demeure dans la tradition française — si pondérée — et même dans la tradition
de l'École des Beaux-Arts, non telle qu'elle est
mais telle qu'elle devrait être.

Par tempérament Besnard est donc en même
temps un artiste volontaire et un impulsif. Son
œuvre porte cette double empreinte. Elle est souvent sérieuse, parfois légère. L'exécution est toujours rapide et fougueuse. Il arrive qu'elle décèle

une certaine improvisation. Ce défaut est d'ordinaire compensé par une liberté d'autant plus grande et une arabesque d'autant plus heureuse.

Comme tous les grands artistes il a respiré l'atmosphère de son époque. Son œuvre en est imprégnée. A Londres il avait aimé Thurner et les Préraphaélites. A Paris il étudia Manet et Monet[1].

Engagé dans l'engrenage de l'École des Beaux-Arts il n'a pas pris tout de suite conscience de sa personnalité. Sa première œuvre magistrale — l'École de Pharmacie — date de 1882. Il avait trente-deux ans. A cette date le mouvement naturaliste, dont Bastien Lepage et plus tard Gervex, Roll et Duez furent les principaux représentants, avait produit ses œuvres les plus caractéristiques. Le mouvement impressionniste qu'on peut faire dater de Manet et du salon de 1863 s'était imposé à une élite aux expositions privées de 1874, de 1879 et de 1880.

Besnard est trop peu âgé pour pouvoir être compté parmi les premiers Impressionnistes. A

1. Les Vénitiens et surtout Tiepolo ont aussi exercé sur sa formation une très heureuse influence.

vrai dire il n'a été ni leur camarade de combat, ni leur émule, ni même leur continuateur. A plus forte raison n'a-t-il pas été leur imitateur. Cependant il est hors de doute qu'à l'heure où il cherchait sa voie Besnard alla d'instinct et retourna studieusement à quelques-unes des expositions du Boulevard des Capucines[1], de la Galerie Durand-Ruel[2], de la rue Le Peletier[3], de l'avenue de l'Opéra[4] ou de la rue des Pyramides[5]. C'est devant les œuvres de ces novateurs que Besnard apprit à se connaître lui-même. *La Maladie* et le portrait de Mme Roger Jourdain sont peints dans la gamme claire des impressionnistes. L'ancien prix de Rome avait fait volte-face.

Dans quelle mesure avait-il profité des recherches de ses prédécesseurs? voilà ce qui n'est pas très difficile à déterminer. Besnard ne fut jamais et il ne pouvait pas être un Impressionniste. Trop de différences essentielles le séparaient de ces artistes

1. Du 15 avril au 15 mai 1874.
2. 2e exposition, en avril 1876.
3. 3e exposition, en avril 1877.
4. Du 10 avril au 11 mai 1879.
5. 5e exposition, du 1er au 30 avril 1880.

presque tous paysagistes : son éducation, ses habitudes d'esprit, sa culture, son goût pour les idées générales, sa passion pour la décoration et pour les grandes synthèses, sa tendance à s'affranchir de la copie exacte de la réalité pour s'abandonner à sa fantaisie, son désir de se mesurer avec les vastes sujets sans vouloir se restreindre au document précis et au fragment de nature fidèlement transcrit, enfin et pardessus tout son élan lyrique si manifestement opposé au réalisme souvent minutieux des Impressionnistes proprement dits.

Du point de vue technique proprement dit les différences n'étaient pas moins grandes. Si admirable et magnifique que soit le dessin de Besnard il est malgré tout traditionnel. Sa façon de composer, toute personnelle qu'elle soit, est classique. Sa conception de l'art de peindre et sa vision de la nature ne sont pas en opposition essentielle avec la tradition des maîtres universellement admirés par l'opinion publique.

Qu'a-t-il donc recueilli de l'œuvre des Impressionnistes ?

D'abord le désir de s'inspirer directement de la

nature et de trouver en elle tous ses motifs et toutes ses inspirations[1], ensuite un je ne sais quoi de vif et de frémissant dans la façon d'éprouver et de transcrire les impressions de nature ; enfin et pardessus tout Besnard apprit dans ces expositions à se composer une palette dont les noirs seraient bannis et sur laquelle les tons francs et dans une assez large mesure les tons purs occuperaient une place prépondérante. Peindre clair passait vers 1875 pour révolutionnaire. *La Maladie* et le portrait de Mme Roger Jourdain parurent scandaleux surtout parce que ces tableaux étaient exécutés dans une gamme éclatante et claire dont les Impressionnistes avaient donné le modèle. Nous admirons aujourd'hui ces deux chefs-d'œuvre en nous plaçant de points de vue plus importants. Il est hors de doute que c'est la couleur qui a déterminé parmi les visiteurs du Salon les indignations ou les enthousiasmes. ·

1. Le sentiment et l'amour de la nature s'étaient singulièrement abâtardis dans l'œuvre des maîtres alors en possession du succès. Qu'il suffise de rappeler que les grandes « autorités », aux environs de 1875, étaient Meissonier, Bouguereau, Cabanel, etc.

SON INFLUENCE

Besnard n'a donc été ni l'émule ni l'imitateur des Impressionnistes. Il leur doit beaucoup mais il ne leur a rien emprunté qui ne soit à la disposition de tous les artistes et dont ils ne puissent légitimement faire leur profit.

Il leur a même rendu un service dont il est vrai qu'ils ne lui furent pas reconnaissants[1]. Il a été leur intermédiaire auprès du public et il les a fait connaître aux artistes nouveaux-venus. C'est chose prodigieuse que de constater avec quel soin jaloux les maîtres de l'École des Beaux-Arts défendaient leurs élèves de la contagion impressionniste. Ils avaient réussi à faire autour de ces novateurs la conspiration du silence. C'est par *la Maladie* et *la Convalescence*, c'est surtout par le portrait de Mme Roger Jourdain, que des artistes comme La Touche et Henri Martin (pour ne parler que

---

1. Les Impressionnistes ont toujours été sévères pour Besnard. Je ne veux pas rappeler les mots que Degas lui a décochés.

des Décorateurs) connurent les recherches et les trouvailles de leurs prédécesseurs. C'est merveille d'entendre Henri Martin dire avec sincérité que lorsqu'il peignait en 1889 la « Fête de la Fédération » il ne connaissait pas, il n'avait jamais vu une seule des œuvres de Renoir, de Monet, de Sisley ou de Pissarro. Mais il connaissait Besnard. Moins claustré qu'Henri Martin parce qu'il n'avait jamais été élève de la rue Bonaparte, Gaston La Touche apprit aussi par Besnard les conclusions nouvelles que chacun pouvait tirer des données impressionnistes. On n'en finirait pas de citer les artistes qui ne comprirent qu'à travers Besnard quels services éminents les peintres les plus méconnus avaient apporté à l'art français et à l'art européen. L'influence de l'œuvre de Besnard a peut-être été la plus persuasive qui se soit manifestée depuis vingt-cinq ans.

Peut-être n'a-t-il pas créé de ces œuvres-types dont le prestige se perpétue à travers d'innombrables imitations. Son influence a été plus étendue que profonde et indélébile. Il n'a créé ni un genre ni un style. Il s'est prodigué dans tous les genres et il a eu du style. Il a été un réalisateur.

Que de rêves, que de projets, que de désirs et d'aspirations Besnard a précisés, formulés, fixés pour toujours en des œuvres ! Son esprit a été agile, vif, prompt à comprendre et à concevoir, sa main a été puissante et aisée. Peut-être n'a-t-il pas eu comme Renoir la superstition presque exclusive de la belle matière brillante et inaltérable, peut-être n'a-t-il pas donné dans toutes ses œuvres la sensation de consistance et de poids. Il n'est jamais lourd, même pas quand il serait naturel qu'il le fût. Il est toujours élégant, libre, nerveux et ardent. Son œuvre est un répertoire de sensations plus vives parfois que profondes. Il a été l'un des peintres de la vie heureuse, l'un des amoureux de la femme. Cependant des séries entières de ses œuvres témoignent d'une sorte de hantise de la Mort et de la Souffrance[1]. C'est un génie ardent et spontané, panthéiste plutôt que religieux, et amateur d'idées générales plutôt que philosophe méditatif. Il ne faut pas chercher dans son œuvre le sens du mystère. On n'y trouve que rarement l'interprétation de la vie intérieure.

1. Toute une série d'eaux-fortes intitulée « Elle » est consacrée à des interprétations de la mort. Sa série intitulée « la Femme » est douloureuse et angoissée.

Un idéalisme scientifique et un ardent optimisme l'ont constamment soutenu. Il est le seul, de notre temps, qui ait eu de belles idées[1] et qui ait su les exprimer par des moyens picturaux. Son œuvre donne une impression d'ampleur et de généralité.

Personnellement il a été sensible plutôt que sentimental et il donne l'impression de sérénité plutôt de froideur. Il a eu foi en lui-même et il a fait partager aux autres une confiance qui était entièrement justifiée.

Son tempérament d'artiste était vigoureux, personnel. Son œuvre est originale. Il a réinventé son dessin. Il a réinventé sa palette. Dans le domaine décoratif — et pour toute une catégorie de sujets — il est sans rival à notre époque. Il est le seul dont les grands ensembles soient issus d'une pensée générale très haute, très éducatrice, et d'une portée philosophique. Son dessin a été éloquent, sa couleur a été lyrique.

Parmi les peintres de chevalet bien peu peuvent lui être comparés. Il a été — selon les heures — un

1. Besnard a peu lu mais il a lu avec fruit. Il ignore avec sérénité tout ce qui est secondaire. Il sait au contraire parfaitement bien tout ce qui est important.

poète, un fantaisiste, un réaliste sévère, un observateur minutieux et un transfigurateur. Sa curiosité d'esprit, sa faculté d'assimilation, ses dons d'invention, sa culture intellectuelle et sa sensibilité nerveuse l'ont servi également. Même dans ses improvisations les plus audacieuses, jamais il ne s'est départi d'un parfait équilibre d'esprit, d'un sens inné de l'ordre et de la mesure, et, pour tout dire en un mot, d'une merveilleuse santé intellectuelle et morale. Son œuvre est saine, franche, d'une inspiration élevée, toute vivifiée par l'amour de la nature, de la réalité, mais transfigurée par les impulsions du génie. Il a eu une esthétique, un but et un idéal.

GASTON LA TOUCHE

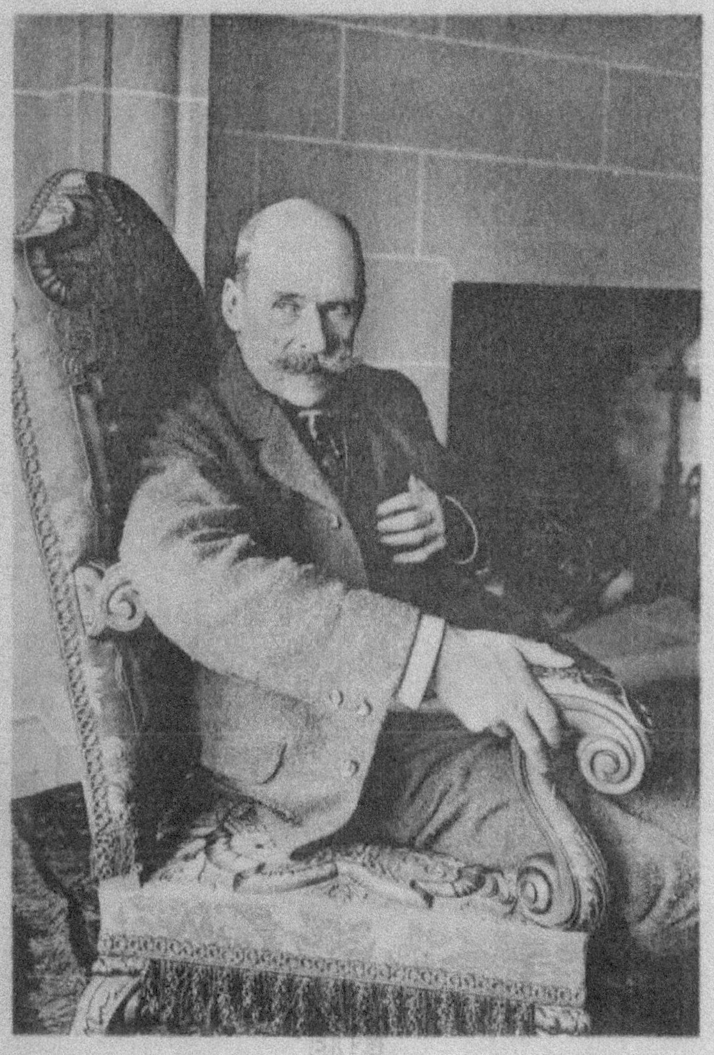

GASTON LA TOUCHE

GASTON LA TOUCHE

Il n'est devenu un grand décorateur qu'à force de persévérance et de volonté. Ses premiers essais de peinture décorative datent de 1894. Il avait quarante ans [1]. Ce n'est qu'après 1900 que ses œuvres nous révélèrent une conception, une technique et un style décoratif absolument personnels.

Dans l'œuvre de M. Gaston La Touche, pendant très longtemps les tableaux de chevalet ont été les plus importants. C'est dans ce domaine qu'il est

[1]. Né à Saint-Cloud au mois d'octobre 1854 d'une famille originaire de Normandie. La maison où il est né, brûlée pendant la guerre de 1870, était située sur le terrain où s'élèvent actuellement la maison et l'atelier du peintre. Ces terrains faisaient partie du petit patrimoine de la mère de M. Gaston La Touche. Une autre partie de ce patrimoine se composait du domaine de Gros-Doué, dans l'Orne, où le peintre travaille pendant l'été.

parvenu d'abord à la maîtrise. Il n'est guère de peintre contemporain qui ait su concilier plus intimement la grâce spirituelle, le charme séduisant des sujets choisis avec goût et les qualités les plus indéniables de coloriste.

Nous lui devons aujourd'hui de très beaux ensembles décoratifs. Les meilleurs sont ceux qu'il a exécutés pour le salon ovale du Ministère de l'Agriculture, pour l'antichambre des appartements de réception du Ministère de la Justice, pour la grande pièce de réception de la maison d'Edmond Rostand à Cambo et pour le salon de l'Hôtel Alexandre-André à Paris. Les panneaux décoratifs qu'il a peints pour les appartements de l'Hôtel de l'Alliance Française, à Constantinople, pour l'un des salons du palais de l'Élysée, pour la salle à manger et pour l'escalier du paquebot transatlantique *France* et quelques autres édifices publics ou privés lui ont mérité une situation aujourd'hui incontestée.

Dans la grande exposition d'ensemble qu'il organisa en 1908 dans les galeries Georges Petit, les trois cents tableaux et les trois cents études peintes qu'il put rassembler ne représentaient qu'une partie de son œuvre. Ce fut un magnifique spectacle. Décorations et esquisses décoratives, tableaux de chevalet, paysages et intérieurs, interprétations du château et des jardins de Versailles, blondeurs de nymphes surprises par des capripèdes au pied fourchu sous les feuilles retombantes de vastes marronniers roux, chaises à porteurs vert et or d'où se penche par la portière une jeune femme décolletée blonde et souriante, grands carrosses rouges qui emportent des couples énamourés, scènes d'intimités, de la vie mondaine, du théâtre et des coulisses, vitraux de cathédrale, jets d'eau de parc à la française, fantaisies amusantes où la perspicacité de l'observation psychologique se tempère d'un sourire moqueur et d'une ironie légère, jeunes femmes demi-nues, faunes jouant de la flûte et singes spirituels, il y avait dans cette exposition une extraordinaire diversité de sujets. La variété des procédés d'exécution : peinture à l'huile, peinture à l'eau, pastels, dessins, gravure en noir ou en couleurs, contribuait à étonner et à ravir le visiteur. Par son abondance et par son éclat cette exposition a laissé à tous ceux qui s'intéressent à l'art contemporain un souvenir inoubliable.

C'est à force d'intelligence et de volonté, plutôt
que par un don de nature, que M. La Touche a
réussi à se soumettre à des ensembles architecturaux
en les enrichissant de peintures qui ne trouvent que
dans cet ensemble leur signification entière et la
mise en valeur de leurs qualités proprement picturales. Nous croyons sentir dans l'exécution décorative de M. Gaston La Touche une sorte de compromis entre la peinture de chevalet et la peinture
murale proprement dite qui exige des partis pris
extrêmement nets, une simplification extrême de la
pensée, des contrastes de tons et une technique
particulière. Il demeure dans l'exécution des panneaux décoratifs de M. Gaston La Touche, une
sorte de diaprure et, notamment dans les fonds
de verdure ou de parc, un je ne sais quoi de mou-
cheté, qui ne procède pas d'un parti pris décisif,
d'une distribution de taches exclusivement murale.

Cependant il est juste de remarquer que
M. Gaston La Touche ne s'est jamais mesuré avec
les vastes surfaces d'un édifice public exigeant,
comme par exemple l'amphithéâtre de chimie à la
Sorbonne, une synthèse philosophique. C'est un
décorateur d'appartement. Il a eu des idées char-

mantes plutôt que de grandes pensées. Sa technique s'adapte étroitement à sa conception décorative. Relativement menue dans les panneaux de petites dimensions, sa touche garde toujours beaucoup de liberté. Ses distributions de taches sont toujours vues d'ensemble et en accord avec l'espace à couvrir. N'ayant à exprimer que d'ingénieux points de vue ou des visions charmantes, il n'a pas eu à se décider pour les grands partis pris d'arabesque et de coloration qu'ont exigés le plafond du Louvre de Delacroix ou les décorations de Puvis de Chavannes. Encore faut-il observer que le premier essai vers la grande décoration, et le surgissement en plein air de formes nues [1] ont coïncidé avec un parti pris décoratif plus net et une technique plus ample.

Attachons-nous d'abord à constater les caractéristiques de ces diverses peintures, tâchons de discerner en quoi elles sont à proprement parler des peintures décoratives et par conséquent en quoi elles se distinguent des peintures de chevalet, il nous sera ensuite plus facile de préciser par quelle évolution, par quels progrès incessants,

1. Pour l'antichambre des appartements de réception au ministère de la Justice.

M. Gaston La Touche a pris conscience de sa personnalité et de ses moyens d'exécution. Nous pourrons ensuite porter un jugement sur l'ensemble de son œuvre et le situer à sa place dans la production artistique contemporaine.

LE MINISTÈRE DE L'AGRICULTURE

L'un des meilleurs ensembles de peinture décorative qu'ait exécutés M. Gaston La Touche et l'un de ceux que les Parisiens peuvent constamment avoir sous les yeux se compose de quatre grands panneaux rectangulaires disposés dans le sens de la hauteur et placés parmi des boiseries anciennes blanc et or dans le salon ovale du vieil hôtel français du XVIIIe siècle occupé aujourd'hui par le Ministère de l'Agriculture.

L'impression que suggère dès l'abord cet ensemble décoratif est exceptionnellement heureuse. Les peintures s'harmonisent étroitement avec les boiseries, avec le style de l'appartement, elles l'enrichissent avec discrétion, sans attirer à l'excès l'attention du visiteur, et sans qu'il soit possible qu'elles passent inaperçues. Les sujets en sont choisis avec goût, les tonalités sont chaleureuses et harmonieuses. Les fenêtres de ce salon donnent sur un jardin. Il y a une corrélation entre ce voisinage et le décor de nature qui encadre les sujets.

Les soirs de fête, quand les salons sont brillamment illuminés, j'imagine que les toilettes des invitées, qui passent et tournent dans ces appartements de réception, s'harmonisent parfaitement avec les robes décolletées des personnages qui forment, dans chaque panneau, le sujet central. M. Gaston La Touche a choisi pour modèles des jeunes femmes contemporaines, il les a vêtues de leurs toilettes habituelles et leur a donné des attitudes qui leur sont naturelles.

L'accent en est manifestement moderne. Cependant ce sont aussi des toilettes, des attitudes, des gestes et des sourires qui sont à peu près de tous les temps. Les détails qui eussent été trop particuliers ont été omis. Ces jeunes femmes sont les sœurs de celles qui faisaient les mêmes gestes à l'époque de Watteau ou à l'époque de Mignard. Une transposition heureuse les écarte de toute localisation qui aurait pu, dans ces salons anciens, devenir gênante et les soustrait aussi à ce je ne sais quoi de vague et de conventionnel, qui aurait pu les priver de leur caractère individuel. Rien ne choque. Elles continuent la tradition française par une transition insensible et sont nettement nos contemporaines tout en s'apparentant aux Françaises du temps passé qui, dans les autres salons des mêmes appartements, sourient depuis deux cents ans dans les cadres ovales des boiseries ou dans les grands panneaux de tapisseries galantes. Ce sont des chefs-d'œuvre d'arrangement précieux. C'est ainsi qu'on voudrait que s'enrichissent à nouveau tous les appartements anciens dont la décoration a été interrompue ou détruite. Ni excès de modernisme, ni pastiche du passé. On sent que l'artiste a eu la chance de pouvoir travailler pour des espaces déterminés, qu'il s'est imprégné du style de la pièce qu'on lui avait confiée, qu'il s'est subordonné à ce style avec le désir que ses œuvres puissent s'accorder étroitement avec cet ensemble architectural et décoratif. On sent aussi que cette discipline librement acceptée ne comportait pas pour lui la renonciation à des qualités qui donnent à ses œuvres leur caractéristique. Il a eu l'ambition légitime de créer une œuvre originale, digne de le défendre devant les hommes à venir et de porter témoignage de sa personnalité.

Le résultat échappe à tout reproche. L'artiste s'est plié à la destination spéciale de l'édifice qui exigeait quelque grandeur et à la destination particulière de cet appartement de réception qui impliquait des visions gracieuses de fête mondaine et de plaisir brillant. Ni excès de solennité, ni excès de galanterie. Il fallait que l'artiste fît preuve de goût, de tact et de mesure. Ce sont précisément les qualités qui sont à M. La Touche les plus naturelles et qu'il a mérité peu à peu de traduire par des moyens picturaux et par un style qui lui sont propres.

LE DÉSIR DE PLAIRE

Sur un fond de parc roussi par l'automne, un peu de ciel transparaissant, une jeune femme décolletée en corsage de lingerie légère et jupe rouge, très blonde, très colorée, se penche au-dessus d'un petit étang où elle se mire et où dorment des nénuphars. D'un joli geste elle se pique dans les cheveux une rose rouge. A ses pieds et à sa droite, un singe se regarde au même miroir et tenant aussi une rose rouge tâche d'imiter son geste. A sa gauche, posés sur l'herbe rousse, il y a un chapeau entouré de fleurs et une ombrelle grise renversée.

Le rouge de cette jupe est magnifique et sobre. Il enrichit les jaunes mêlés de vert des frondaisons retombantes du marronnier et se retrouve en reflet léger dans le petit étang.

Gentille vision d'une minute heureuse de coquetterie féminine! Cela est très élégant, très harmonieux, très gai, très vif, très libre, d'une tonalité brillante et d'un modelé suffisant pour qu'il y ait l'illusion de vérité sans que la scène tout entière cesse d'être subordonnée au mur pour prendre une vie trop indépendante ou tendre vers le trompe-l'œil. Les rouges diffus parmi les verts et les gris forment une harmonie heureuse.

BONTÉ D'AME

Sous les branches retombantes d'un marronnier d'automne qui laisse transparaître à l'horizon une

échappée de ciel clair, assise sur une prairie à côté
d'une indication d'eau dormante, une jeune femme
vêtue de la même jupe rouge et du même corsage de lingerie légère montre gentiment ses
épaules charnues, son gentil visage attentif et sa
chevelure blonde dans laquelle se joue le soleil
diffus. Elle soutient de la main gauche le bras
blessé d'un faune cornu couronné de lierre qui est
assis à côté d'elle, ses jambes velues repliées sous
lui, et de l'autre main elle assujettit sur cette bles-
sure une bande de gaze blanche. A côté d'elle un
singe retire des objets d'une boîte de pharmacie
posée à terre. Dans le fond on aperçoit l'automobile grise à filets jaune d'or en forme de berline
qui, dans sa course, a blessé le faune sylvestre
encore mal aguerri contre ce nouveau danger.

Du point de vue couleur ce panneau nous offre
donc une tache rouge rose très vif sur des dia-
prures de verts mêlés de jaune et encadrés par la
vaste tache jaune du marronnier et la grande tache
verte de la prairie herbue au bord de laquelle dort
le gris bleuté du petit étang.

La plupart ne verront dans ce panneau que le
sujet qui est spirituel, joli, amusant et exécuté

avec brio. J'admire l'harmonie brillante et sobre de ce coloris distribué avec bonheur selon l'ordre préconçu d'un décorateur qui sait que la distribution des taches de couleur constitue, dans une décoration, le travail préliminaire et essentiel d'où tout le reste dépend.

On remarquera que l'automobile donne à cette peinture une date que précisaient bien moins nettement le chiffonné de la robe de la jeune femme et sa façon de se coiffer. Cela date d'hier. Cependant il faut faire un effort d'observation pour remarquer un détail si délibérément contemporain. Cette automobile a été indiquée avec tact. Dans une certaine mesure elle se confond avec le paysage d'arrière-plan. Elle est le prétexte d'une tache de couleur qui est indispensable au tableau parce qu'elle enferme la composition et donne à l'ensemble, dans le domaine de la couleur, sa stabilité. Il est curieux de constater à quel point se fond dans la conception décorative ce motif qui aurait pu être anecdotique ou d'un réalisme gênant. On ne peut oublier cependant l'intention spirituelle qui nous amuse en nous laissant supposer l'effarement devant ces gros engins modernes de toute la petite population mythique des vieilles forêts peuplées de faunes aussi peu ennemis des gracieuses jeunes femmes modernes qu'ils ne l'étaient autrefois des nymphes ou des bergères.

L'AMOUR MATERNEL

Il se peut que ce soit le plus joli des quatre panneaux. M. Gaston La Touche a eu la joie d'être père. Il s'est enivré à maintes reprises du plaisir (où se mêle un peu d'orgueil) d'admirer dans le décor d'un jardin fleuri sa jeune femme donnant le sein à sa fille et plus tard à son fils. Délicieuse et émouvante vision pour des yeux d'artiste qui contemplent ce qu'il a de plus cher au monde! Il a transposé dans ce panneau le souvenir de ces heures de contemplation heureuse. Aussi brillante et aussi chatoyante que les autres, cette peinture en est devenue plus touchante.

Sur un fond de mur de jardin percé d'un oculus rond où est placé un buste de faune qui rit et que surmontent ou encadrent de jaunes vignes d'automne, une jeune femme en jupe rouge (avec le même corsage décolleté) est assise sur un fauteuil de paille jaune et donne le sein à un bébé qu'elle enlace d'un très joli mouvement maternel. Une petite fille blonde est à côté d'elle debout sur un banc de pierre grise, se penchant vers elle et l'embrassant sur le front. Elle tient à la main son chapeau de paille jaune. A notre droite repose sur la prairie un berceau léger en forme de barcelonnette dont la capote recourbée donne prétexte à une jolie tache ronde toute imprégnée de lumière. Tout auprès un singe pêche à la ligne devant le petit miroir d'eau où flotte le reflet de la jupe rouge parmi les herbes aquatiques.

L'ensemble est délicieux, très rond, formé de lignes convexes, sans parallèles ni perpendiculaires, très clair, très gai, très calme, très familial et très tendre. Par un miracle de mesure c'est tout de même une vision de fête, puisque c'est, dans un jardin, une apparition charmante. Les rapports de tons sont particulièrement heureux. Ce rouge sur ce blanc de batiste et ces jaunes du mur et des vignes chantent très joyeusement. C'est par le coloris que cette composition s'harmonise avec les autres et c'est la couleur qui cause notre joie. Il est placé à

contre-jour entre les fenêtres comme le panneau qui
lui fait suite et sa couleur, dans la pénombre, vibre
avec douceur et avec force. A l'éclairage électrique
il reprend tout son éclat sans perdre son intimité.

TENDRESSE DE CŒUR

Placé aussi à contre-jour, ce panneau représente
des amoureux dans une lumière crépusculaire, sur
un fond de fleurs et d'arbustes prospérant contre
une habitation dont nous ne voyons qu'une haute
fenêtre fermée par des persiennes qui laissent
filtrer un peu de lumière. La jeune femme est vue
de dos. Elle porte la même jupe rouge, le même
corsage décolleté, mais sa chevelure blonde est
un peu plus foncée. Elle laisse pendre sa main vers
un jeune homme brun en costume moderne qui
se penche comme enivré vers ce gage qu'on lui
abandonne. Elle est appuyée à une grille de fer
forgé à grandes volutes que font briller sur
certains angles les reflets venus de trois lanternes
vénitiennes par lesquelles se varient à l'infini les
éclairages en reflets où le jaune (à cause du papier

de cette couleur) domine. Un singe porte l'une de ces lanternes. Il est au premier plan, à notre droite, posé sur un sol jaune qu'enrichit une guirlande de feuilles et de fleurs posée à terre comme une bordure végétale.

C'est une scène nocturne où des reflets de lumière artificielle se mêlent aux reflets de l'atmosphère du soir. C'est une scène intime dans un décor de parc. Le dos de la jeune femme est d'un modelé charmant. On admire que dans cette boiserie ancienne le costume moderne du jeune homme paraisse si naturel. Les plans sont nettement accusés. Chaque chose est à sa place et l'ensemble est très fondu, très vif et très harmonieux.

Dans chacun de ces panneaux, il y a de magnifiques morceaux (voyez par exemple le nu du faune blessé, la poitrine de la jeune mère, le dos de la jeune amoureuse), mais cela vaut par l'ensemble, par les proportions heureuses, par la sobriété du détail, par la gaîté du coloris, par la parfaite adaptation à l'espace et à la destination. C'est donc, à proprement parler, de la peinture décorative, riche de tons, spirituelle, et exécutée avec une tendance constante vers le style.

GASTON LA TOUCHE

L'exacte et parfaite adaptation de la peinture à l'espace particulier qu'on lui concède, à la destination de la pièce et au caractère général du reste de l'installation, telle est encore la qualité essentielle — du point de vue décoratif — de la vaste frise que M. Gaston La Touche a exécutée pour le grand salon de la propriété de campagne à M. Edmond Rostand à Cambo. Cette vaste maison rustique est, à l'extérieur, de style basque, sorte de style-chaumière à qui donnent son caractère les poutres de bois apparentes sur la façade, les murs recouverts d'un crépi, et de vastes toitures à plan très incliné pour l'écoulement des eaux de pluie qui sont, en ce pays, abondantes et persistantes. A l'intérieur, c'est une sorte de palais organisé avec tout le raffinement moderne.

De l'antichambre on découvre la cage toute blanche de l'escalier principal que Mlle Dufau a enrichi de quelques médaillons ovales d'une exécution très heureuse. Dans le premier salon, le mur du fond est occupé par une interprétation vigoureuse mais littérale d'un paysage méridional animé de figures de paysans par M. Henri Martin, et cette pièce communique par des arcades avec le salon principal autour duquel, sur trois côtés, règne la frise décorative de M. Gaston La Touche. Le cabinet de travail du poète se trouve à l'extrémité de ce salon, prenant l'air et la lumière sur la terrasse d'où l'on découvre le jardin à la française. Des rayons de bibliothèque couvrent les murs jusqu'au double de la hauteur d'homme et laissent admirer derrière leurs grilles dorées des reliures anciennes et des livres précieux. Cette bibliothèque laisse à découvert deux espaces de dimensions relativement restreintes où Mlle Dufau a fait maroufler d'un côté une réplique de son *Automne* du musée de Luxembourg, de l'autre côté une peinture de même style exécutée dans la même gamme de couleurs où des nus de jeunes femmes se jouent parmi les bassins d'un jardin classique. Enfin, à l'autre extrémité du salon principal et s'équilibrant, dans la pensée de l'architecte, avec ce cabinet de travail, se trouve une salle à manger sur la cheminée de laquelle est placé un vaste portrait de Mme Edmond Rostand par Henri Caro-Delvaille. Pour cette salle à manger M. Gaston La Touche a peint quatre dessus de porte infiniment agréables et qui s'harmonisent avec les pilastres de style classique recouverts, sur les indications du peintre, d'une charmante couleur vert d'eau.

Dans cette maison d'amateur d'art où les meubles anciens du style le plus riche voisinent avec de merveilleux paravents de laque noire rehaussée d'or, avec des objets de prix, des meubles recouverts de tapisseries anciennes, des porcelaines précieuses et des bibelots japonais, chinois ou français, en cristal de roche, en jade, en or ou en laque dorée, il convenait que la frise décorative évoquât des scènes de fête élégante, des jeunes femmes aux belles épaules, des jeunes hommes aimables, des personnages de fantaisie, de rêve, de caprice, des groupes qui s'amusent eux-mêmes en se souriant les uns aux autres et en admirant réciproquement leurs beaux costumes et leurs élégances. Il fallait que cette frise décorative, par un lien sensible, établît une sorte de transition heureuse entre le style relativement classique de la disposition architecturale intérieure accentuée par les meubles anciens et le sentiment moderne qui se respire dans ce home où vit un poète de notre temps, homme de théâtre par excellence et Parisien des plus raffinés. Il était désirable que cette peinture eût un air précieux, que le coloris en fût riche et discret, que les rouges y fussent chatoyants comme des soies lustrées, que les verts y fussent mêlés de reflets de soleil et que les jaunes y prissent des tonalités d'ambre et d'or.

Si l'on voulait *a contrario* la preuve de cette nécessité imposée par « l'âme du lieu » il suffirait de constater le désaccord que crée dans cette atmosphère le panneau pourtant vigoureux et en soi digne d'admiration, de M. Henri Martin. Cette peinture est puissante, énergique, elle respire le plein air, la campagne, une sorte d'animalité instinctive et panthéiste. Elle est dans cet intérieur en désaccord avec tout le reste. On pense à une paysanne robuste, saine, bien portante et infiniment honnête, mais qui ne s'harmonise pas avec le milieu ultra-élégant où elle se trouve par hasard. On imagine que M. Henri Martin n'est pas allé à Cambo et qu'il s'est contenté d'exécuter aux environs de Toulouse, sur l'un des motifs qui lui sont familiers, une peinture à la dimension du mur qu'il s'agissait de couvrir.

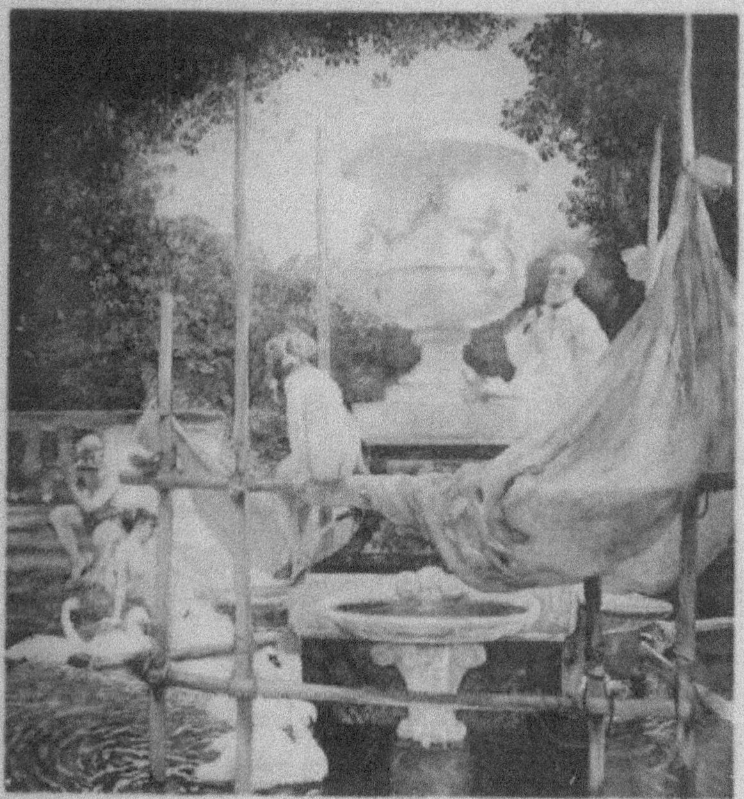

Cliché Crevaux

LE SCULPTEUR

J'imagine au contraire que M. Gaston La Touche est allé s'imprégner de l'atmosphère particulière de cet intérieur et que c'est sur place, en accord avec tout le reste, qu'il a conçu et composé cette « Fête chez Thérèse » dont les scènes diverses se relient entre elles et se déroulent à la manière d'un cortège qui commencerait par une parade de baladins invités pour la circonstance et se continuerait par le passage en carrosse de la jeune princesse entourée d'admirateurs et de serviteurs en grande livrée dans un décor de jardin aristocratique et précieux.

L'effet d'ensemble est extrêmement heureux. Ces peintures contribuent à former un cadre à souhait pour les conversations mondaines, les rendez-vous d'été, les heures de nonchalance et de rêverie pour les belles invitées d'une demeure où l'hospitalité est fastueuse.

LE MINISTÈRE DE LA JUSTICE

Cette décoration se compose de trois grands panneaux : le poète, le peintre, le sculpteur, et de deux dessus de porte, l'architecte et le jardinier.

Ces peintures ont été exposées au salon de 1910 et elles ont obtenu un succès unanime. Elles étaient destinées à l'antichambre des appartements de réception du Ministère de la Justice. Cependant elles n'ont pas été marouflées sur les murs qu'elles doivent couvrir et elles reposent dans les réserves du service des Beaux-Arts comme si elles n'avaient pas été agréées par le ministre compétent.

Y a-t-il eu cette fois quelque désaccord entre les sujets représentés et la destination du lieu? Cette antichambre donne accès à de magnifiques salons de l'époque de Louis XIV mais elle n'a par elle-même rien de solennel. C'est une pièce de dimensions médiocres, éclairée par deux fenêtres qui, d'un côté, en occupent toute la longueur. A cause de l'élévation du plafond, la surface murale qui fait face à ces deux fenêtres est très grande. Les deux murs qui sur les autres faces limitent la pièce sont diminués de toute la largeur des portes d'accès. Au-dessus de ces portes sont des espaces rectangulaires qui se prêtent à une décoration peinte.

Le Garde des Sceaux aurait-il désiré que les

sujets représentés dans cette antichambre eussent quelque rapport avec l'administration de la Justice? Il se peut.

M. Gaston La Touche a choisi des sujets d'intérêt général susceptibles de lui fournir l'occasion de faire la preuve de ses qualités plastiques. On sent qu'il a voulu se placer d'un point de vue plus général qu'il n'avait accoutumé de le faire. Il a voulu peindre « le poète », « le peintre », « le statuaire » et, dans ce dernier panneau notamment, il a eu l'ambition de faire surgir de belles formes qui fussent éloquentes par elles-mêmes. De ce point de vue, dans l'œuvre de M. Gaston La Touche, ces panneaux sont très importants. Pour la première composition, M. La Touche a imaginé dans un décor de parc, sous la voûte d'un pont de pierre, une barque glissant sur l'eau conduite à l'arrière par un faune et dans laquelle des amoureux se pressent l'un contre l'autre. Ce jeune homme enivré nous représente « le poète ». Des amours nus grimpent de la barque jusqu'au pont en s'accrochant aux lianes d'une vigne vierge d'un rouge assourdi.

Assis sur son échafaudage qui se profile sur le ciel et regardant les belles formes nues du modèle qui pose devant lui, voici, en vêtement de travail, « le statuaire ». Et le troisième panneau nous représente « le peintre », dans un beau décor de nature, assis en face de son chevalet le pinceau à la main, et réfléchissant devant le paysage sur les diverses façons de le transcrire sur sa toile. Les dessus de porte représentant « l'architecte » et « le jardinier » sont moins importants.

Présentées l'une à côté de l'autre au salon de la Société nationale, ces peintures étaient magnifiques. D'une composition très décorative, c'est-à-dire subordonnée à un effet d'ensemble, offrant cependant de très beaux morceaux, par exemple, dans le panneau de la sculpture, le nu de la jeune femme, on y remarquait avec plaisir un je ne sais quoi qui ressemble au grossissement théâtral et détermine chez le spectateur un état d'esprit comparable à celui que suggère l'optique particulière de la scène. On sentait qu'elles avaient été exécutées rapidement, par grandes taches colorées, et que les personnages avaient été conçus par leur volume et par leur masse beaucoup plus que par leurs détails individuels. Enfin on sentait que les fonds de paysage ou les parties secondaires comme la voûte du pont, la barque ou l'échafaudage étaient traitées en décor pour encadrer les personnages. Cependant cette transposition de la réalité dans le domaine de la décoration ne distendait pas à l'excès le lien nécessaire que doit garder avec la nature toute œuvre d'art qui emprunte à la réalité ses motifs. Dans leur ensemble ces grands panneaux semblaient devoir s'adapter à merveille aux vastes dimensions d'un palais officiel.

Mais peut-être en choisissant ces sujets, M. Gaston La Touche avait-il volontairement fait abstraction de la destination générale du ministère de la Justice. On peut croire qu'ils eussent été mieux en harmonie avec la destination du palais de la direction des Beaux-Arts.

Peut-être aussi, entraîné par son désir de donner l'essor à son imagination et de faire la preuve de sa virtuosité, n'a-t-il pas suffisamment pris conseil des dimensions relativement restreintes de l'antichambre qu'il était chargé de décorer. Si ces peintures étaient marouflées dans la pièce relativement petite pour laquelle elles ont été faites, peut-être, en effet, y aurait-il entre elles et les dimensions générales quelque désaccord. C'est une question qui ne

pourra être résolue que lorsqu'on aura procédé
à une mise en place tout au moins provisoire.
Jusqu'à cette confrontation de l'œuvre et des murs
la question sera en suspens.

LA DÉCORATION POUR L'ÉLYSÉE

Un désaccord de même nature s'est manifesté
entre les pouvoirs publics et l'artiste au sujet du
grand panneau décoratif que M. Henry Marcel
avait commandé à M. Gaston La Touche pour l'un
des salons du palais de l'Élysée. Le sujet n'a pas
paru en accord avec la destination.

Ce vaste panneau décoratif appartient aujour-
d'hui au musée du Luxembourg. On a peine à comprendre les raisons de l'ostracisme dont il fut frap-
pé. Ce panneau représente, sur l'un des bassins de
Versailles illuminé par les feux multicolores d'une
« fête de nuit », sous un ciel nocturne où éclatent
les fusées lumineuses d'un feu d'artifice, une
barque sombre entourée d'un chapelet de lanternes
vénitiennes jaunes et glissant silencieusement,
comme les cygnes qui lui font cortège, vers une

balustrade de marbre derrière laquelle s'érigent les grands arcades de verdure d'une architecture végétale. Un faune debout à l'arrière conduit la barque à la godille. Un autre faune assis à côté de lui joue de la flûte et, à l'avant, un jeune homme dont on n'aperçoit que le visage et l'épaule se penche amoureusement vers une jeune femme en robe gris bleuté, les épaules nues et qui souffre sans déplaisir cette adoration muette.

C'est une peinture de fête et elle est très belle. Par le décor classique de Versailles, elle s'apparente aux œuvres anciennes, par l'association du vêtement moderne de ce jeune homme et par le feu d'artifice elle se lie étroitement au souvenir actuel des fêtes récentes. C'est une vision de poète et une transposition heureuse dans le domaine poétique d'une sensation réelle que chacun a pu éprouver les soirs de fête publique devant les bassins de Louis XIV. Le lien entre le souvenir exact de la réalité et son interprétation lyrique est ici des plus étroits. Et c'est bien exécuté. L'eau grise et bleue toute diaprée de reflets jaunes est miroitante et clapotante. Le groupe d'enfants et de personnages, en plomb autrefois doré, qui occupe le centre du bassin est figuré avec bonheur. On en devine le modelé. Les tons rompus des arcades végétales, du ciel gris et bleu, de la balustrade de marbre et des guirlandes lumineuses sont justes et chaleureux. La gamme des colorations est ardente et sobre. La variété des reflets nocturnes s'influençant les uns les autres est d'une extrême richesse. L'unité de la composition est éclatante. Son élégance, son éclat, l'intensité de vie partout répandue et l'atmosphère bleuâtre d'une enveloppe atmosphérique fine et juste, tout contribue à donner à cette peinture exactement le caractère et l'accent qu'on était en droit de lui demander.

Si bien placée qu'elle soit aujourd'hui au musée du Luxembourg, elle n'y est pas à sa place. Le transfert s'impose.

Peut-être même cette « Fête de nuit » qui date de 1906, est-elle le chef-d'œuvre de M. Gaston La Touche. La période qui s'étend de 1900 jusqu'à nos jours est la période la plus heureuse de l'évolution de ce beau talent.

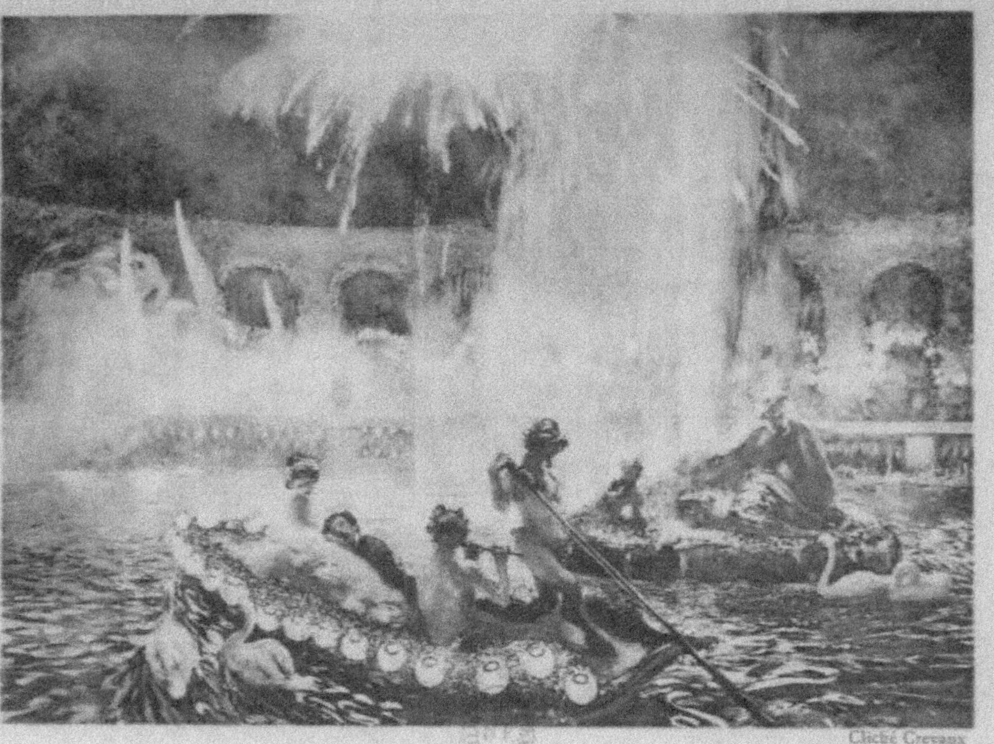

Cliché Crevaux

LA FÊTE NOCTURNE

C'est depuis 1900 en effet qu'ont été exécutés les ensembles décoratifs que nous venons de mentionner et depuis cette date encore qu'ont été peints le grand panneau du centre de l'escalier et le plafond de la salle à manger du paquebot *France* de la compagnie des Transatlantiques, la suite des panneaux représentant les jardins de Versailles pour le palais de l'Alliance Française à Constantinople, les quatre petits panneaux représentant les quatre saisons avec quatre dessus de porte pour le salon de M. O. de Sailly à Paris, et cette suite de vastes panneaux décoratifs dispersés isolément en des maisons ou appartements privés dont on trouvera la liste à la suite de cette étude.

LA MAIRIE DE SAINT-CLOUD

Pour se rendre compte des progrès que l'artiste a accompli, des efforts par lesquels il a pris conscience des nécessités particulières au genre décoratif, des difficultés qu'il a eues à vaincre et des étapes par lesquelles il est peu à peu parvenu à la maîtrise, il est utile d'aller voir à la mairie de

Saint-Cloud le vaste panneau décoratif qui représente l'allégorie de la Paix, et quatre panneaux plus petits qui représentent les quatre saisons.

Notons d'abord un trait qui est significatif. Le plus grand de ces panneaux, celui qui est placé derrière la table du conseil municipal et qui a exigé d'autant plus de travaux préparatoires et d'études que l'artiste n'était pas encore en posssession de la technique particulière à la peinture décorative ni du tour d'esprit qui permet à un artiste de concevoir d'un élan le sujet propre à recouvrir une grande surface murale, a été peint par l'artiste pour la mairie de Saint-Cloud sans qu'il en ait reçu commande ni qu'il eût espoir de recouvrer quelque indemnité.

Ainsi se vérifie une fois de plus que les peintres qui, à l'âge de la maturité, n'ont jamais fait de peinture décorative « parce qu'ils n'ont jamais reçu de commande »[1] n'avaient pas éprouvé vers ce genre particulier une impulsion irrésistible.

L'allégorie est datée de 1897. Une jeune femme recouverte de l'égide, tenant une épée dans la main

1. Les premières décorations de Maurice Denis ont aussi été faites « pour le plaisir ».

droite, tend la main gauche à une figure féminine
nue qui représente la Paix et dont la corne d'abondance déverse des fruits et des fleurs. Une autre
jeune femme nue debout se penche pour poser la
tête sur les genoux de celle qui est assise. Le dessin
en est encore assez académique, c'est-à dire plus
conventionnel que vivant.

Au-dessous de ce groupe tout le premier plan se
compose de personnages en costumes modernes.
L'auteur a voulu styliser ces vêtements et en a par
conséquent élagué beaucoup de détails. On reconnaît les corps de métier : le forgeron portant son
marteau sur l'épaule, le vigneron portant sa cor-
beille de raisins bleus, le cultivateur portant une
gerbe de blé ; plus loin le statuaire auprès d'un
buste de marbre, le physicien auprès d'une cornue,
etc... Les visages sont évidemment des portraits.
On peut reconnaître tel ou tel. A droite des bateaux
flottent sur la Seine. A gauche on aperçoit les
coteaux de Saint-Cloud et la petite église dont le
clocher se profile sur le ciel. Au centre un vaste
marronnier roux étend sur presque toute la composition son immense feuillage. Ajoutez, pour équili-
brer la composition du groupe central, un grand

vase décoratif posé auprès du marronnier et quantité d'autres personnages, notamment à notre gauche une figure du Temps à barbe blanche avec de grandes ailes ouvertes.

Dans une certaine mesure la gamme des tons est à peu près celle dont Besnard s'est servi si souvent avec bonheur : beaucoup de jaunes, de bleus, de roux, de fauves, et de rouges. La composition n'est pas sans analogie avec la manière des académiques. Tous ces personnages sont juxtaposés beaucoup plus qu'ils ne sont reliés entre eux par une action commune. Cela est froid, peut-être même un peu scolaire, malgré des morceaux éclatants par lesquels des yeux perspicaces pouvaient pressentir la beauté libre et l'invention jaillissante des œuvres futures.

On éprouve devant cette immense composition une sensation qui n'est pas dénuée d'un je ne sais quoi qui ressemble à de l'oppression. Cependant il y a de la grandeur, une certaine puissance et de l'éclat. Cela forme une belle masse. On sent le décorateur qui prend conscience de ses moyens d'action et de persuasion.

L'abondance « des idées » fait sentir la pauvreté relative de l'idée. Tant de personnages et qui

auraient pu être infiniment plus nombreux puisque
c'est une énumération ne suppléent pas le choix
décisif d'un certain nombre de personnages dont la
présence fût caractéristique, dont le geste et toute
l'attitude fussent significatifs, liés à l'action par
toutes leurs qualités plastiques, par leurs mouvements, reliés à l'ensemble par une vaste arabesque
enfermant dans sa courbe presque insaisissable
tous les personnages et jusqu'aux moindres objets,
emportant dans son rhytme tous les éléments dont
se compose le tableau et entraînant la vision et
l'imagination du spectateur vers une vérité plastique
claire et importante.

Le Printemps, l'Été, l'Automne et l'Hiver qui
continuent la décoration de cette salle de délibéra-
tion nous montrent ici des jeunes filles en robe
blanche agitant des guirlandes dans l'un des jardins de Versailles; là, des jeunes femmes nues se
baignant auprès d'une balustrade dans l'un des
bassins du parc de Louis XIV; plus loin, auprès
d'un autre bassin de Versailles, sont des personnages en costumes de chasse avec des casquettes à
boutons d'or, avec des chevaux et des chiens. Au
premier plan, des jeunes femmes en costume mo-

derne dont l'une se tourne vers le spectateur regardent une amazone à cheval auprès de ses compagnons de chasse. Le ciel est très jaune. Beaucoup de feuilles fanées de marronniers tombent et jonchent l'eau.

Enfin l'Hiver nous montre auprès du grand Trianon deux barques où sont des personnages de carnaval dont un Pierrot avec des lanternes vénitiennes jaunes posées sur le bord. La neige recouvre les dalles du perron et le sphinx de marbre. A travers la vitre on distingue l'éclat des lumières de la fête.

Dans chacun de ces panneaux il y a de beaux morceaux. Les vêtements de ces personnages de carnaval forment de belles taches, l'eau miroitante de « l'Automne » est admirable. Du soleil irisé s'y joue en reflets diaprés et les cygnes de « l'Été » sont d'une blancheur diaphane et délicieuse, d'un mouvement majestueux et lent.

Cependant on remarque aussi dans chacun de ces panneaux des trous[1] qui empêchent l'im-

1. Chez les grands classiques les vides jouent un rôle important et contribuent à la beauté.

pression d'ensemble d'être harmonieuse. Certaines lignes parallèles ou anguleuses sont froides. Dans la plupart des personnages certaines raideurs ne s'harmonisent pas avec l'harmonieuse souplesse de la vie. Il y a enfin dans l'exécution de maints morceaux des sécheresses. L'ensemble a quelque chose de sommaire et d'étriqué.

Les « Saisons » de la mairie de Saint-Cloud témoignent des difficultés que l'artiste a eu à surmonter. Il est clair que ces panneaux ne sont pas sortis « du mur », mais bien plutôt de la toile posée sur le chevalet. Ces compositions ne se sont pas présentées à l'esprit du peintre en lignes courbes s'incurvant les unes sur les autres, mais bien plutôt en lignes sèches, parfois anguleuses, juxtaposées, et s'entrecroisant plutôt que sortant les unes des autres.

Du point de vue décoratif l'observation est capitale. On peut considérer la décoration de cette salle de mairie comme le point de départ d'un artiste qui se sentait impérieusement attiré vers la peinture décorative mais qui avait besoin d'en apprendre les secrets.

L'HÔTEL ALEXANDRE ANDRÉ

De ces œuvres de début, reportons-nous maintenant par la pensée à la décoration du salon de M. Alexandre André. Cette décoration se compose de deux vastes panneaux décoratifs placés à droite et à gauche de la cheminée.

A peine est-on entré qu'ils attirent le regard, séduisent les yeux et, par une sorte de rayonnement éclatant et doux, s'imposent au visiteur à la manière des belles tapisseries du xviii° siècle. Les sujets sont extrêmement agréables. D'un côté, sous des marronniers très jaunes, entre des colonnes rose sombre, passe une jeune femme dans une chaise à porteurs vert et or entourée de domestiques en livrée vieux-rose. Des jeunes femmes gracieuses vêtues de blanc et rose ou de gris et rose lui font cortège. Au premier plan, dans une vasque bordée de marbre rose rouge, miroite et clapote de l'eau bleu et jaune autour d'un petit panache de jet d'eau très mousseux.

De l'autre côté, c'est, dans le même décor de ciel,

de marronniers et de colonnes roses mais disposées d'autre façon, une charmante jeune femme en robe d'épousée qui s'avance et sourit tandis qu'un homme âgé, les cheveux grisonnants, lui baise la main. Auprès d'eux se trouve une table somptueusement décorée de fleurs, de fruits et de victuailles. De droite et de gauche tout un cortège blanc et rose de demoiselles d'honneur, adolescentes ou fillettes. Rien que des jeunes filles. Elles sont artistement groupées dans les attitudes les plus gracieuses. Vers le fond se reconnaît la façade rose du grand Trianon. Des cygnes blancs nagent sur l'eau du bassin.

Le sentiment décoratif est évident. Tout se subordonne à un effet général. Les masses rousses des marronniers et du ciel bleu s'harmonisent intimement avec les taches blanc et rose des robes féminines. Toutes les tonalités s'accordent entre elles et se répondent, non seulement d'un bout à l'autre du panneau dont ils font partie, mais encore d'un panneau à l'autre. Il est manifeste que cela a été conçu d'ensemble. Il n'est pas jusqu'au double cadre d'or très simple et enrichi de croisillons vert d'eau qui ne contribue efficacement à lier étroitement la peinture à l'ensemble de la pièce. La cheminée de marbre et la glace qui séparent ces deux panneaux semblent annexées par la décoration peinte et faire partie de la conception du peintre. L'unité est parfaite.

Cette partie du salon est si parfaitement réussie qu'on regrette vivement que le peintre n'ait pas été appelé à compléter cette décoration. Ce grand salon comporte en effet, face aux fenêtres, deux autres grands panneaux, et il y en a encore deux plus petits à droite et à gauche de l'arcade qui s'ouvre sur le petit salon.

A en juger par ce qui a été fait, si les circonstances avaient permis à M. La Touche de compléter l'œuvre commencée, nous posséderions à Paris un ensemble de décoration privée qui pourrait se comparer au fameux cabinet des singes du vieil Hôtel de Rohan. Cela eût été intime et chaleureux. On devine que l'artiste eût continué sur les autres murs ces grands accords de jaunes, de verts et de roses sur lesquels chantent si délicieusement les arpèges des blancs vaporeux. Quel beau décor cela eût été pour les réceptions élégantes, les fêtes mondaines et les conversations spirituelles !

Dans ce décor si moderne, on imagine des

meubles et des bibelots de l'époque du comte d'Artois, un grand tapis aux teintes assourdies, et des Parisiennes aussi gracieuses qu'elles le furent jamais, devisant à demi-voix des choses qui les intéressent... Peut-être un jour M. Gaston La Touche aura-t-il l'occasion de se remettre à l'ouvrage. On ne se consolerait que difficilement qu'une œuvre si merveilleusement commencée[1] demeurât interrompue.

*
* *

Pour embrasser d'un regard l'œuvre décorative de M. La Touche, reportons encore notre pensée vers le grand panneau décoratif intitulé *La Riposte*, qui se trouve au château de Saint-Florent du Cher, vers *l'Heure Heureuse*, de New-York, ou vers les peintures décoratives exécutées pour la salle à manger du paquebot : *France.* Réimaginons enfin le grand carrosse rouge traver-

1. Un dessus de porte, parfaitement joli, qui représente une jeune femme blonde assise parmi des jupes de mousseline, dans un décor de jardin, ne fait qu'aviver encore notre regret de ne pas voir toute la pièce décorée par le même artiste.

sant « un gué » et qui, dans l'antichambre de
M. Chouanard[1] irradie victorieusement. Les qualités principales de ce panneau sont l'unité de la
composition, la liberté heureuse, la jolie arabesque
décorative, et de très amusantes intentions spirituelles. J'en admire encore la richesse joyeuse de
coloris et le très vif éclat.

LES TABLEAUX DE CHEVALET

Dans l'œuvre de M. Gaston La Touche les
tableaux de chevalet sont de beaucoup les plus
nombreux. Ceux que je préfère sont ceux où je
retrouve les grandes qualités du coloriste subordonnées à la mise en œuvre d'un sujet choisi
avec goût.

Beaucoup d'entre eux, à propos d'un motif amusant ou d'une observation spirituelle, procèdent
d'une vision à proprement parler picturale. Ils ont
toutes les qualités qui sont propres au tableau de

1. Une réplique du même motif avec des variantes assez
importantes orne la salle à manger du château de M. Bunau-
Varilla à Orsay.

chevalet. Ce genre implique le choix d'un sujet en accord avec les dimensions restreintes de la toile, et formant un ensemble complet et significatif. Savoir composer un tableau de chevalet implique des qualités très différentes de celles qui permettent de concevoir une fresque ou un panneau décoratif. Même agrandi « aux dimensions », un tableau de chevalet ne peut jamais donner l'illusion d'une peinture murale, et réciproquement une peinture murale réduite aux dimensions d'un tableau de chevalet doit garder son caractère. Elle doit dire avec évidence qu'elle n'est qu'une réduction d'une œuvre plus vaste, ou une esquisse — quelque poussée qu'elle ait pu être — destinée à être exécutée en d'autres dimensions et pour un espace déterminé. Chaque genre a ses qualités propres. Le raccourci et le grossissement théâtral, l'optique particulière aux œuvres qui doivent être vues de loin et d'un coup d'œil, sont en désaccord fondamental avec la notion même du tableau de chevalet qui, par nature, doit être vu de près, familièrement, se prêter à un examen minutieux et pour ainsi dire quotidien, et qui doit plaire enfin par des qualités de couleur et de sentiment toutes pénétrées d'un je ne sais quoi d'intime et de discret.

Si beaux que puissent être les tableaux d'un décorateur-né, il est rare qu'ils ne donnent pas l'impression d'une esquisse extrêmement poussée, d'une composition qui serait encore plus belle si le peintre avait pu disposer de plus d'espace, ou, du moins, s'il avait pu intégrer définitivement son œuvre dans une surface murale dont les limites naturelles formeraient à son œuvre le cadre relativement imprécis dont elle a besoin pour irradier sur toute une foule. Devant le « Pauvre pêcheur » de Puvis de Chavannes, la moulure de bois doré me paraît arbitraire et gênante. Par une tendance invincible de mon esprit, quand je veux imaginer de ce tableau une présentation parfaite, je me le représente entouré d'une bordure à teintes plates analogue à celle qui entoure la Sainte-Geneviève du Panthéon et marouflé sur un mur devant lequel on puisse prendre son recul sans que rien ne lutte avec lui pour distraire le regard. L'enfermer dans un cadre doré et le transporter dans un salon encombré de tentures, de meubles, de bibelots et d'objets d'usage familier me paraît contraire à sa nature et à sa destination.

Le propre du tableau de chevalet au contraire est de s'enfermer dans un cadre arbitraire, de faire bon voisinage avec des quantités d'objets de toutes espèces, autres tableaux, meubles ou tentures, et de prendre sa part de notre vie quotidienne, parfaitement à sa place dans nos appartements domestiques où le recul n'est guère possible. Le tableau de chevalet doit être un objet familier, un ami de tous les jours. Il peut avoir de la grandeur, il peut même être sublime[1], mais son caractère propre est de s'adresser aux hommes individuellement. Si sobre qu'elle soit, la décoration doit être éloquente. Elle s'adresse à une assemblée[2].

Ces différences essentielles de caractère et de destination impliquent des différences foncières dans l'exécution. Dans la Décoration, la conception du sujet et la distribution même des taches de cou-

1. Bien que cela soit infiniment rare.

2. Cette assemblée peut n'être pas nombreuse. Dans l'étude sur l'œuvre de M. Vuillard je tâcherai de montrer comment certaines décorations peuvent avoir une sorte de caractère confidentiel. Le dialogue restreint à deux personnages paraît cependant, à première vue, la négation du caractère proprement décoratif.

leur doivent être subordonnées à un souci constant de simplification poussé à l'extrême afin d'aboutir à un effet d'ensemble qui soit saisissant. Ne pas modeler et donner l'illusion du modelé par de grandes teintes plates est un bon procédé — entre autres — d'exécution décorative. C'est un très mauvais procédé d'exécution pour les tableaux de chevalet. Ce procédé dit trop sommairement ce qu'il a à expliquer. Il ne se justifie que dans les occasions où il y a beaucoup de choses à dire. Si le sujet est restreint, il demande à être exposé par des moyens moins sommaires. Bien modeler est l'un des moyens dont le peintre peut se servir.

La vision décorative exige des qualités si différentes de celles qui aboutissent à la composition d'un tableau de chevalet qu'on citerait fort peu de peintres qui aient excellé également dans l'un ou l'autre domaine.

Encore ceux-là sont-ils les peintres qui ont commencé par la peinture de chevalet et qui, à certain moment de leur carrière, ont évolué vers la peinture décorative. Les peintres qu'une impulsion irrésistible a poussés dès le début vers la peinture décorative et qui ont su y exceller, ne redeviennent

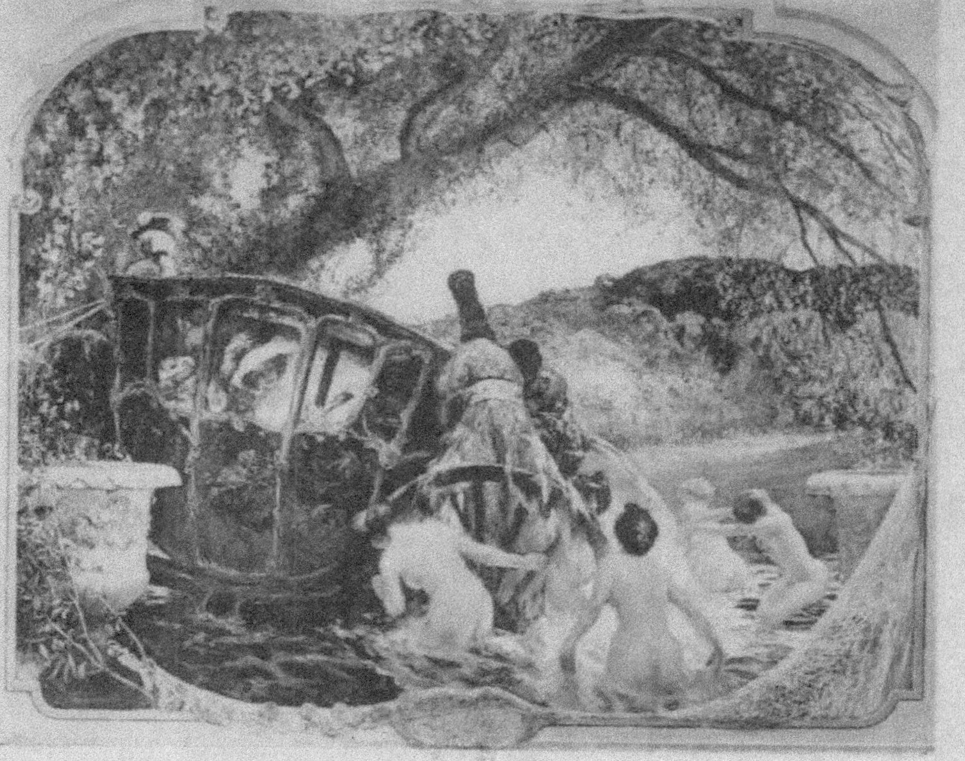

Cliché Henri Garnier

LE GUÉ

jamais avec perfection des peintres de chevalet[1]. Sans doute y a-t-il dans la grande décoration une sorte d'ivresse qui fait paraître fade ce que les peintures de chevalet comportent de patient et de minutieux. Fût-ce à leur insu les décorateurs se servent pour le tableau de chevalet des moyens lyriques dont ils se sont enivrés. C'est tout de même très beau. Et cependant cela donne l'impression d'un morceau, d'un fragment ou « d'une impression ». Quand un peintre a fait de la grande décoration ses tableaux de chevalet ne sont jamais plus, dans son œuvre, de parfaites synthèses de son talent ni de son génie[2].

M. Gaston La Touche n'a pas échappé à cette règle générale. Maintenant qu'il s'est découvert lui-même, on sent bien qu'il a une tendance à traiter comme des décorations ses tableaux de chevalet[3].

1. Tel est le cas de M. Maurice Denis, par exemple.

2. Ainsi en a-t-il été, jadis, pour Delacroix et, de nos jours, pour Besnard, pour Henri Martin, pour Baudouïn ou pour Vuillard. Dès qu'ils sont parvenus à prendre possession de leurs moyens décoratifs, ils ont cessé de pouvoir s'exprimer d'une manière complète dans le tableau de chevalet.

3. De cette double tendance procèdent les « panneaux décoratifs » qui tiennent de l'un et de l'autre genre, exécutés pour la plus grande part à la manière des « décorations », et n'étant cependant attachés à aucun emplacement nécessaire.

Quand il travaille devant une petite toile, il ne lui est pas inutile d'être extraordinairement volontaire, obstiné, et en possession d'une maîtrise de soi-même extraordinaire. Pour qu'il puisse encore s'astreindre aux conditions de la réussite dans un genre qui, dans une certaine mesure, bride l'élan du peintre et l'enferme en des règles essentielles qui délimitent le genre, il n'est pas superflu que l'artiste ait été doué par la nature d'une souplesse d'esprit et d'une virtuosité de main exceptionnelles.

Encore pourrait-on distinguer entre les tableaux conçus et exécutés avant que le peintre se soit mesuré avec les grandes surfaces murales et ceux, plus récents, où le sentiment décoratif et par conséquent la symbolique des couleurs attribue sur le sujet lui-même une prédominance à la distribution simplifiée des taches.

De l'une ou de l'autre époque les tableaux de chevalet de M. Gaston La Touche sont toujours personnels, parfaitement bien composés et très souvent spirituels. M. La Touche est un poète. Il découvre la beauté picturale de tout ce qui se présente à ses yeux. Il a par conséquent trouvé des motifs de tableaux à peu près devant tous les spectacles qui se sont offerts à ses yeux. A son exposition d'ensemble de 1908 [1] les trois cents tableaux embrassaient à peu près l'universalité des sujets possibles : figures, paysages, intérieurs, sites urbains ou études de ciel, Venise et l'Italie, Paris et la Bretagne, les « Cathédrales » et les « Fantaisies », les « Singeries » et les scènes de la vie mondaine, les intimités et le théâtre, les portraits et les études de nu.

D'entre ces sujets si nombreux il en est quelques-uns que l'artiste a su s'approprier plus particulièrement.

Bosquets, fontaines, terrasses, grandes cascades et bassins, tant de tableaux consacrés à la gloire de Versailles auraient jadis mérité à M. Gaston La Touche, le titre de « Peintre du Roi ». Les pelouses, les statues, les jets d'eau et les charmilles n'ont pas eu d'interprète plus brillant ni mieux inspiré. C'est d'une poussière d'eau mêlée de poussière d'or que se composent les fusées liquides qui font panache et qui se volatilisent pour retom-

1. Dans la galerie Georges Petit. Le catalogue était enrichi d'un poème de M. Edmond Rostand célébrant l'œuvre de M. La Touche.

ber, impalpables, sur les bassins. La surface du miroir d'eau, les verdures, les cygnes indolents ou les nymphes demi-nues qui l'entourent, les sculptures qui s'y reflètent, tout palpite, tout miroite en ces toiles chatoyantes, tout s'imprègne de douceur lumineuse et de soleil.

Une autre partie de l'œuvre de M. La Touche s'apparente aux petits sujets parfois un peu licencieux qui furent à la mode au xviii⁰ siècle : Jeunes femmes demi-nues, décors de chambres à coucher, vastes lits bouleversés, intérieurs intimes et chauds que l'on sent comme enfiévrés d'une atmosphère sensuelle, fenêtres ouvertes, persiennes closes, rayons de soleil qui se glissent entre les lames de bois, et mettent comme un poudroiement sur les boiseries rehaussées d'or, sur les commodes rebondies, les consoles précieuses et les bouquets qui se meurent dans cette atmosphère lourde, dîners d'orgie dont les convives sont des faunes diaboliques. Enivrements de tous les sens, langueur, lassitude heureuse, voilà ce que suggèrent une partie des œuvres de M. La Touche.

Même quand il ne fait que peindre de part et

d'autre d'une chaise longue deux personnages dont l'un fait à l'autre la lecture, on sent que ce sont des amants qui prennent un peu de repos. Leur jeunesse, leur attitude, leur nonchalance alanguie, et tout ce décor charmeur de meubles et de bibelots, s'accordent avec un je ne sais quoi d'intime et de sensuel. Le passé touche au présent. Il semble que, dans ces chambres, sommeillent des souvenirs tendres et confidentiels. Regardez cette jeune femme assise près de son lit, les épaules et les bras nus; bien que le peintre lui ait mis un livre ouvert dans la main, qui ne devine qu'elle est amoureuse ?

Dans les « tableaux de théâtre », certains coins de scène sont éclairés par-dessous par une rampe électrique. Les personnages en habit noir, les danseuses ou les actrices semblent comme baignés dans cette lumière artificielle qui, venant de partout, détruit les ombres et change tous les rapports de tons.

Dans la série des singes il y a de la fantaisie, du caprice, de l'ironie et parfois aussi de l'observation satirique. Ici un jeune chimpanzé, accroupi au-dessus d'une console dorée, sur un marbre joli et miroitant, à côté d'une coupe de cristal, souffle par un fétu de paille une bulle de savon diaprée comme un arc-en-ciel. Plus loin ce sont, dans un intérieur, deux jeunes gens fleuretant à gauche d'un canapé de l'extrémité duquel un singe, jaloux, tire par le volant la robe de la jeune femme. Ailleurs, c'est une bacchanale de jeunes faunes dans le décor de Versailles.

Tels sont les sujets qui ont fixé dans la mémoire du public et des amateurs le nom de Gaston La Touche. Il n'est guère de visiteurs du Salon qui n'aient présentes à l'esprit ces fantaisies spirituelles, ces Versailles et surtout ces carrosses écarlates et ces grandes berlines vert et or.

Les artistes se souviennent aussi des tableaux plus anciens : intérieurs de cathédrale avec de grands vitraux bleus, des prêtres en chasubles d'or et des Bretonnes toutes blanches portant une forêt de cierges ; douce première communiante qui suit des yeux sa prière portée au ciel par les anges ; intimités familiales des jeunes mères qui pressent contre leur poitrine leurs bébés frais et roses.

L'art de composer, l'habilé de la technique et la virtuosité de l'exécution donnent à ces tableaux de chevalet un charme particulier. On a pu dire de quelques-uns d'entre eux qu'il n'avaient pour sujet qu'une anecdote dont l'intérêt s'épuise en un instant. Il se peut. Mais ces petits tableaux sont joliment peints. Ils sont d'un gracieux chatoiement et de tonalités riches et délicates. Ils témoignent d'une grande sensibilité visuelle. Voilà ce dont on ne se lasse pas.

LES ÉTAPES DE L'ÉVOLUTION

Ce n'est qu'après maintes recherches et beaucoup d'essais infructueux que l'artiste est parvenu à cette aisance dans la conception et dans l'exécution qui émerveillent beaucoup de ses admirateurs. Peu de peintres ont travaillé avec plus d'acharnement à se satisfaire. Bien peu se sont montrés aussi sévères vis-à-vis d'eux-mêmes.

La conquête de sa personnalité a été longue et difficile. Il a beaucoup travaillé. Il n'a pas suivi les cours de l'École des Beaux-Arts. Quand il avait environ vingt-cinq ans des camarades le conduisirent à la *Nouvelle Athènes* où se réunissaient

Manet, Degas, Desboutin, Duranty et Zola. Il raconte volontiers qu'il servit de modèle pour l'un des personnages placés à droite du comptoir dans le fameux tableau de Manet : « le Bar aux Folies-Bergère. » Quand parut l'*Assommoir*, en 1879, il fit un portrait de Zola et il exécuta pour illustrer ce livre quinze pointes sèches d'un réalisme truculent, peut-être même brutal. Rien ne faisait prévoir le peintre des plaisirs mondains ni le coloriste des jardins ensoleillés [1].

En 1875 il débuta au Salon dans la section des eaux-fortes et à la sculpture avec un médaillon de Got. De 1881 à 1884 il peignit en réaliste des paysages tristes et des scènes d'ouvriers mineurs. Ces peintures furent refusées. Elles ont été pour la plupart détruites par l'artiste. En 1882 il fut reçu pour la première fois à la section de peinture. Son tableau représentait, sur son balcon, « la Dame du cinquième ».

A partir de cette date, l'artiste ne fut jamais plus

1. L'artiste a gardé, en souvenir de ses débuts, une aquarelle, datée de 1869, représentant une femme de ménage en jupe bleue et corsage brun se détachant sur un rideau bleu. C'est copié directement sur nature et d'une vision assez pauvre.

refusé. Cependant, devenu plus tard plus sévère pour lui-même que ne le fut le jury, il brûla un grand nombre des tableaux[1] dont la composition ou la couleur ne lui donnaient pas satisfaction. Détruite « la Dame du cinquième » du Salon de 1882 ; détruite encore « La Grève à Anzin » de 1889 ; détruite encore « la Révolte » qui représentait autour d'un drapeau rouge une violente scène d'émeute ; détruite encore l'apothéose de Watteau de 1894, premier essai décoratif et qui avait coûté à l'artiste de très grands efforts.

Rien ne peut faire plus d'honneur à un peintre, rien ne prouve plus évidemment sa conscience artistique et son désir de perfection que ces sacrifices répétés de tableaux qui — à tort peut-être — lui paraissaient insuffisants.

De cette période d'essais — qui fut particulièrement longue puisqu'elle dura à peu près vingt ans — il ne demeure qu'un petit nombre d'œuvres. Les unes ont été conservées en des collections particulières ; les autres, achetées par l'État, sont accrochées en des musées de province. On en trou-

1. Reconnaissons que beaucoup de ces tableaux avaient noirci. Ils n'étaient par conséquent pas bien peints.

vera la liste approximative à la fin de cette étude. Ce sont des tableaux sombres, sujets le plus souvent dramatiques comme « l'Enterrement d'un enfant en Normandie[1] » ou « le Vœu d'une femme[2] » qui représente une femme en deuil devant un seuil de chapelle jonché de fleurs funéraires, et quelquefois sujets presque anecdotiques comme « Napoléon III à Wilhelmshöhe[3]. »

La Touche peignit aussi quelques tableaux religieux comme Noël[4] ou Première communion[5] et quantité de jardins ou de scènes réalistes. « La légende du Point d'Argentan » — de 1884 — qui lui valut une troisième médaille était encore très sombre. Ce tableau représentait la Vierge terminant l'ouvrage de la dentellière endormie.

Le premier tableau où apparaisse un peu de soleil venant par la fenêtre illuminer un intérieur de pauvres gens s'appelait « l'Accouchée ». La jeune mère dort dans son lit, le berceau auprès

1. 1882.
2. 1884 (vendu à Buenos-Aires).
3. 1885.
4. Triptyque, composé des bergers, de la nativité et des Rois mages, 1885 (musée d'Alençon).
5. 1886 (musée de province).

d'elle, la vieille maman placée à contre-jour et le mari appuyé contre le lit. Le tableau était conçu dans une gamme de gris avivés d'un peu d'or. Il donnait une impression de silence et de recueillement. C'est peut-être le premier bon tableau qu'ait peint M. La Touche et il date de 1888. Après maintes études sur nature, pour la première fois, l'artiste osa travailler de mémoire, sans avoir le modèle sous les yeux. De ce point de vue il marque dans l'œuvre de l'artiste une date importante. Il fut l'occasion d'une deuxième médaille.

Cependant La Touche ne persévéra pas tout de de suite dans la voie qui était pourtant celle où il devait s'illustrer. L'année suivante il revint aux sujets naturalistes. « La Grève à Anzin », inspirée de *Germinal*, date de 1889.

Un autre La Touche s'élaborait lentement dans le mystère de l'inconscient. On s'en aperçut d'une manière éclatante en 1890. Le Salon de la Société nationale des Beaux-Arts venait d'être fondé. L'artiste envoya deux tableaux « Phlox » et « Pivoines », symphonie de fleurs, de femmes et d'enfants où se révélait enfin le peintre des joies de la vie. Pour quelques-uns ce fut une révélation. Pour d'autres, ces tableaux ne marquaient qu'une étape décisive dans l'évolution harmonieuse d'un talent solidement attaché aux réalités mais qui se tournait lentement vers la lumière et vers la joie comme certaines fleurs vives se tournent vers le soleil.

Désormais l'œuvre de M. Gaston La Touche s'imprègne d'un rayonnement et comme d'un poudroiement de soleil.

L'ENSEIGNEMENT DE BRACQUEMOND

Comment M. Gaston La Touche, attaché pendant longtemps au tableau de genre, est-il parvenu à se hausser jusqu'à la grande décoration? Il aime à reconnaître que c'est l'enseignement de Bracquemond, décorateur-né, qui le révéla à lui-même. L'apothéose de Watteau, les Saisons de la mairie de Saint-Cloud et l'allégorie de la Paix l'avaient mis aux prises avec des difficultés qu'il n'arrivait pas à résoudre. Bracquemond lui rappela l'enseignement de Léonard : « Regardez un mur et vous verrez votre tableau en sortir... » Ce conseil, il est vrai, implique, pour être mis en pratique, un don de nature qui n'est que rarement accordé et des années de préparation persévérante et patiente.

Le grand service que Bracquemond a rendu à M. Gaston La Touche c'est de l'encourager constamment à voir par grandes masses, par lignes convexes, et à exécuter par grandes taches se soutenant les unes les autres.

Si M. Gaston La Touche, maintenant en pleine possession de sa maîtrise, s'abandonne aujourd'hui au plaisir de composer rapidement et de peindre « d'inspiration », il en a conquis le droit par la sévérité même de ses études préparatoires.

Par les tableaux réalistes des vingt premières années de sa carrière, si littéralement transcrits de la nature, nous savons comment il a conquis peu à peu le droit de travailler sans la nature par un effort de mémoire et d'imagination. Par des centaines d'études exécutées sincèrement d'après nature et qui embrassent à peu près tous les genres de sujets il a mérité de travailler de mémoire et avec facilité.

C'est par ces études que M. Gaston La Touche a développé sa faculté d'observation directe, affiné sa sensibilité visuelle et enrichi sa mémoire de formes, de couleurs, de tons et de reflets, par lesquels enfin il a pu acquérir une extrême virtuosité de main, une prestigieuse habileté d'exécution.

Que cette facilité de travail implique aujourd'hui quelques inconvénients cela est possible. Dans certaines décorations, il se peut que les différentes matières dont se composent les différents objets représentés ne soient pas individualisées par une matière picturale propre à la nature particulière de l'objet. On a pu remarquer, par exemple, que les fonds de parc ou de jardin, dans les grandes décorations, se ressemblent entre eux un peu plus qu'il ne conviendrait. Il serait injuste de dire qu'ils ont été faits « de pratique » et cependant ils ne donnent pas toujours l'impression d'avoir été confrontés, fût-ce de mémoire, avec la réalité. Il advient que soit distendu au delà de la mesure le lien que toute œuvre d'art, fût-elle aussi peu réaliste que possible, doit garder avec la réalité. En certains cas les ombres et les reflets ne paraissent pas rigoureusement gouvernés par la situation vraie ou supposée des distributeurs de lumières. Quelquefois enfin la sensation de nature, l'enveloppe atmosphérique et la situation de chaque objet les uns par rapport

aux autres ne sont pas d'une absolue exactitude
« de valeurs ». Ce sont des défauts. La richesse
du coloris et le rythme général de l'œuvre com-
pensent et au delà ces imperfections. De quels
peintres pourrait-on dire qu'ils ont su concilier rigoureusement l'exactitude de la vision saisie sur le
vif et la liberté heureuse d'une grande composition
jaillie de leur imagination autant que du souvenir
de la réalité? Tout virtuose doit se défendre contre
les abus de l'exécution. M. La Touche était trop
virtuose pour n'avoir pas à se défendre contre lui-
même. L'exécution aisée, brillante, est une qualité
précieuse. Encore faut-il qu'elle ne devienne pas
un but, qu'elle demeure un moyen d'expression.

LE PROCÉDÉ DE TRAVAIL

Veut-on se rendre compte du procédé de travail
de l'artiste, et de la volonté persévérante que nous
révèlent les recherches progressives par lesquelles
il aboutit enfin à peu près à la perfection? Regardons ensemble le panneau décoratif que l'artiste a
intitulé « la Douane » et qu'il a exposé en 1913 à la

galerie Manzi. Sous un ciel oriental, devant une petite ville blanche disposée en amphithéâtre, sur un môle encombré de marchandises de toutes sortes, un Turc en robe jaune rose est assis gravement et penche la tête sur un livre. A ses pieds, clapotant sur l'eau miroitante du port, se trouve une barque que maintiennent immobile deux marins turcs et dans laquelle attendent patiemment un jeune homme et deux jeunes femmes en costumes européens. D'autres embarcations et des voiles gonflées par la brise animent la composition, et, debout parmi les bagages, silhouettant sur le ciel bleu sa taille souple et sa blondeur potelée, une jeune femme qui nous tourne le dos, les bras levés au-dessus de la tête, enlève sa chemise d'un joli geste, trop juvénile et trop charmante pour récriminer contre une sévérité admistrative qui ne peut déterminer autour d'elle qu'un murmure d'admiration. Le douanier turc, impassible, n'a pas encore levé les yeux. Au pied du môle, dans sa barque, le compagnon de voyage attend d'un air indifférent et le tableau tout entier exalte, pour les spectateurs, la beauté d'un ciel d'Orient, l'encombrement joli d'un port, le chatoiement des costumes et la grâce im-

GASTON LA TOUCHE

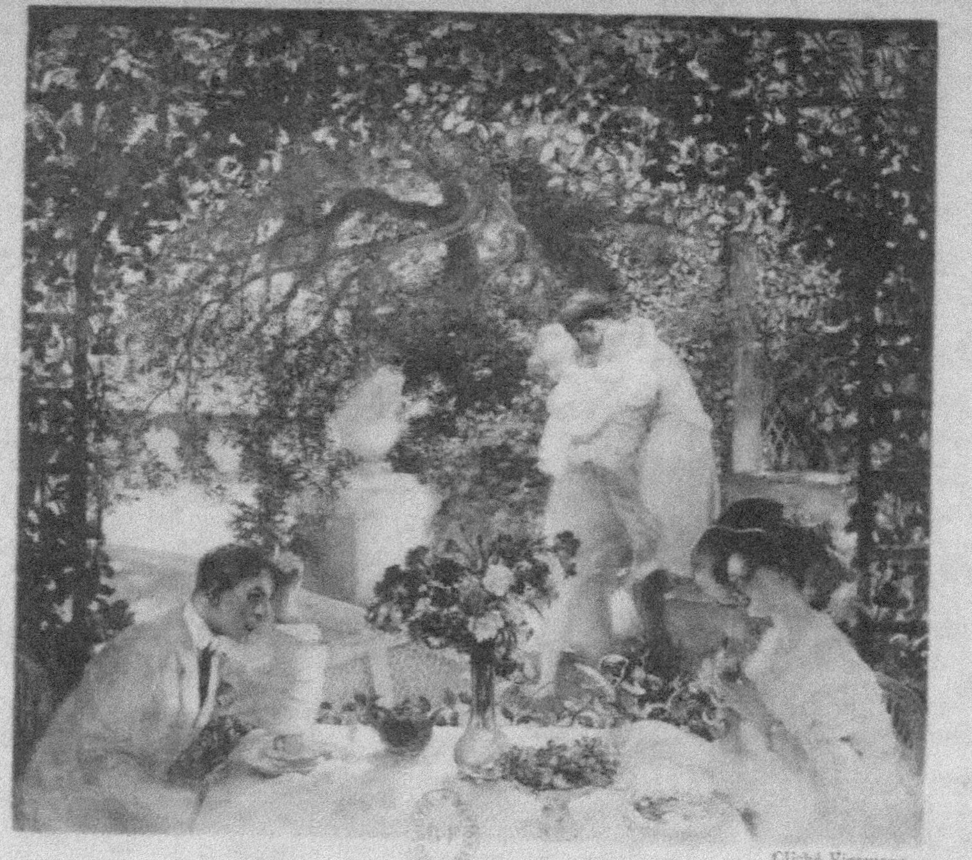

LA JEUNESSE

Cliché Vizzavona

périeuse d'un corps de femme dans la lumière. On ne pouvait trouver pour peindre un nu en plein air prétexte plus spirituel, ni décor plus pittoresque.

Si l'on veut se rendre compte dans une certaine mesure du procédé de travail du peintre et des recherches par lesquelles il atteint peu à peu à un enrichissement progressif, qu'on se reporte, par un effort de mémoire, à un petit tableau qui offre à peu près la même composition. C'est à peu de chose près la même disposition — et comme c'est différent! Du point de vue couleur, l'harmonie est moins riche. Il y a beaucoup moins de verts. Le peintre n'avait pas encore eu l'idée de la bordure de glycines et de fruits — dans la gamme des violets — qui forment au panneau décoratif un encadrement si discret et cependant si somptueux. Le vert de la grosse barque à notre gauche est plus sourd. Les blancs jaunes ont un rôle beaucoup moins important. L'artiste n'avait pas encore eu l'idée de la barque où attendent le jeune homme et les deux jeunes femmes qui commencent à se déshabiller. Cette idée s'est déduite par une sorte de développement logique de l'idée primitive. Le groupe des quatre Orientaux placés sur le môle autour du personnage principal se rassemble dans le tableau de chevalet d'une manière moins expressive et sensiblement moins décorative.

Dans le grand panneau, enfin, l'harmonie des tons se compose de jaunes et de bleus entourés de violets et soutenus par des verts distribués avec goût et avec une habileté extrême, tandis que dans le tableau de chevalet tous les rapports sont changés et le résultat moins riche.

Excellent en soi, ce tableau de chevalet, si on le rapproche du panneau décoratif où les mêmes éléments concourent à une autre conclusion, nous apparaît comme une esquisse dont il restait à obtenir des résultats plus importants. On saisit par cette comparaison tout ce qu'un travail persévérant et une volonté tenace peuvent ajouter à une idée picturale pour l'enrichir, la diversifier et mettre en meilleure valeur le joli nu en plein air qui forme le vrai motif et comme la raison d'être de toute œuvre sur le même sujet.

Or — plus démonstrative encore — il existe dans l'atelier du peintre une troisième peinture du même sujet et qui, plus riche que la première étude et moins parfaite que l'œuvre définitive, marque le point intermédiaire, la transition par laquelle il a trouvé le résultat.

Tel est le procédé de travail de M. Gaston La Touche. Il peint d'abord l'aspect de nature à peu près tel qu'il l'a vu dans la nature, il modifie ensuite et enrichit progressivement le motif. C'est un arrangeur subtil. Il a de l'imagination, de la fantaisie, de l'esprit, et il subordonne ces qualités au plaisir de composer en artiste et d'exécuter en virtuose.

CONCLUSION

De tous ces éléments — qui ne sont contradictoires qu'en apparence — se compose la personnalité de M. Gaston La Touche.

Osons biffer de l'ensemble de son œuvre à peu près tout ce qu'il a peint jusqu'en 1889. De ses tableaux réalistes et sombres à la luminosité blonde de ses œuvres de maîtrise il y a toute la distance qui sépare l'enseignement de Manet de celui de Besnard et le naturalisme de l'impressionnisme.

Serait-il vrai que la jeunesse, ne se connaissant

pas elle-même, incertaine du but à poursuivre, est souvent triste, sombre, d'une mélancolie facilement pénétrée de découragement? Beaucoup d'artistes ont dû recommencer le chemin très long qui mène lentement de Werther au paganisme joyeux, et de la « Nuit d'octobre » aux « Proverbes de salon » et aux comédies légères. La conquête de la Joie se confondit pour Gaston La Touche avec la conquête de soi-même.

A partir de 1890 le peintre a renoncé au bitume. Sa palette est devenue à peu près celle des impressionnistes. Cependant il ne peut être classé dans ce groupe. Il n'étudie pas principalement l'analyse des variations de l'atmosphère, il ne recherche pas exclusivement « la qualité du ton dans l'air ». Son œuvre présente une sorte de compromis entre la peinture à « sujets » et le surgissement des formes dans l'atmosphère.

Il est demeuré un observateur. Il est devenu un coloriste. Dans ses tableaux de chevalet les observations sont d'un psychologue et souvent d'un ironiste. Elles sont nettes, lucides, amusantes, parfois pénétrantes, et toujours renouvelées par un tour d'esprit particulier. A mesure qu'il se perfectionnait ses yeux se sont affinés et peu à peu émerveillés. Dans ses décorations la couleur est d'un lyrique et qui s'enchante lui-même de ses propres visions. Il est devenu l'un des peintres de la vie heureuse. Ce n'est plus un réaliste proprement dit et ce n'est pas uniquement un lyrique. Sa personnalité se compose d'un mélange d'observation et de fantaisie. Il a le sens de la mesure. Le sujet de son œuvre, pris dans son ensemble, n'est pas de reproduire strictement la vérité, mais ce n'est pas non plus de se livrer sans réserve à l'émotion lyrique. Un je ne sais quoi de parfaitement conscient se devine dans toutes ses œuvres. C'est une raison et une volonté plutôt qu'un instinct.

Il n'a pas été un révolutionnaire et il n'est pas un imitateur. C'est un Normand et un Parisien. En exerçant sa faculté de comprendre il a développé sa sensibilité et jamais il ne s'est départi de la volonté la plus tenace. Exerçant constamment sur lui-même un contrôle des plus sévères, il s'est tenu au courant des recherches qui se faisaient autour de lui et il en a fait son profit très légitimement, de même que beaucoup d'autres ont pu faire leur profit de ses propres recherches. C'est un artiste laborieux. C'est un lettré. Il est aussi impressionnable et nerveux qu'il est volontaire et tenace. Son œuvre concilie avec mesure le sens de la tradition et le désir de nouveauté. Il a du goût. C'est un conciliateur. Cependant son originalité est manifeste. Il s'est affilié à la tradition et il a respiré l'atmosphère de son époque. Il est le premier et peut-être le seul peintre de notre temps qui ait su jeter aux pieds d'une femme, dans un beau décor, un homme en costume moderne sans que ce costume fasse l'effet d'un anachronisme.

Dans l'ordre décoratif il se tient à égale distance du sublime et du familier. Il ne faut chercher dans ses décorations ni les grandes idées générales ni l'ampleur du point de vue philosophique. C'est le peintre des plaisirs de la vie, l'interprétateur des émotions heureuses. Ce qu'il peut y avoir d'un peu amer ou d'ironique dans son observation des mœurs se dissimule sous le manteau éclatant du coloris. Il cherche l'expression par la couleur autant que par le sujet et peut-être nous réserve-t-il encore plus d'une surprise heureuse. Il travaille constamment à se renouveler. Ses panneaux pour le Ministère de la Justice témoignent d'une ambition de plus en plus élevée. Dans les décorations futures peut-être verrons-nous surgir des formes heureuses et de somptueuses harmonies de couleurs mises au service d'une idée importante et picturale.

Jusqu'à présent il a été un prestigieux décorateur d'appartement. Sa personnalité s'affilie aux maîtres français du XVIIIe siècle, à travers les recherches les plus récentes des peintres impressionnistes, et continue la bonne tradition de l'art français.

Le 12 juillet 1913, pendant que ce volume était à l'impression, M. Gaston La Touche est mort soudainement à la suite d'une opération. Il n'était âgé que de cinquante-neuf ans.

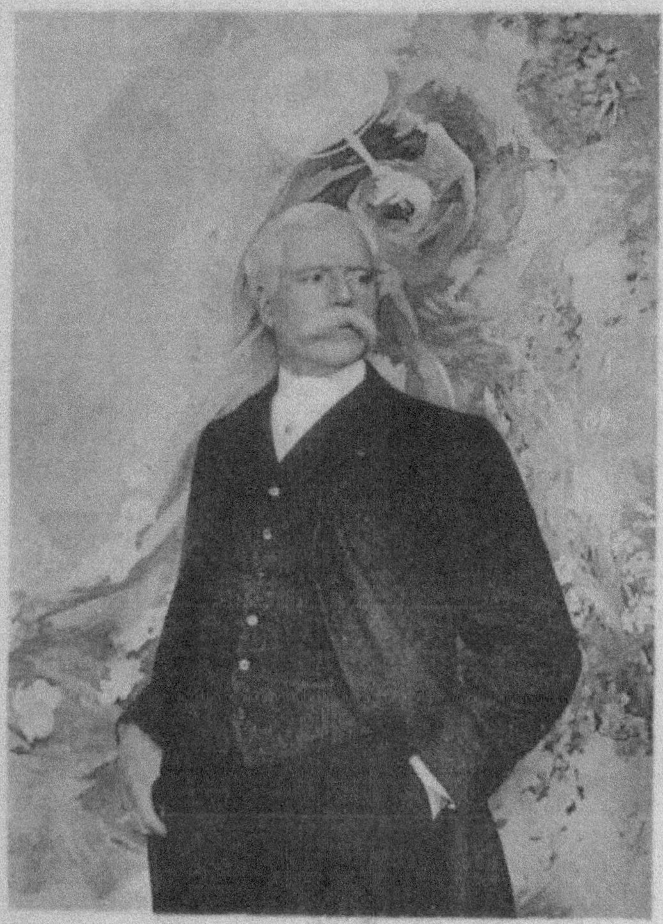

Cliché Manuel

JULES CHÉRET

JULES CHÉRET

JULES CHÉRET

Il a été un inventeur. Son dessin, sa couleur, le choix de ses sujets, sa manière d'être ému et sa manière d'émouvoir, tout lui appartient en propre. Il a inventé une décoration de plein air : l'affiche, et par ses qualités de coloriste autant que par ses qualités d'esprit il a fait de ce genre de décoration un domaine entièrement nouveau, tout proche du grand art et tout imprégné de l'esprit français. Il a inventé ensuite un genre de décoration intérieure. Dans ses peintures murales décoratives il y a un ordre de sentiments entièrement nouveau. Du point de vue pictural autant que du point de vue spirituel, il ne ressemble à aucun autre. Ce n'est pas un grand dessinateur, ce n'est pas un grand peintre et cependant c'est un très grand artiste. Son œuvre gardera une place dans l'histoire de l'art français.

Il n'a tiré que de lui-même sa conception de l'art de peindre et ses moyens d'expression. C'est un décorateur né.

Cependant, il ne s'est découvert lui-même que très tard. Il avait cinquante-six ans quand il devint peintre. L'exposition de croquis, de pastels et d'affiches qu'il organisa dans la galerie minuscule de la Bodinière au mois de décembre 1889 le révéla à lui-même en même temps qu'à tout Paris[1]. Encore hésita-t-il pendant quelques années avant d'oser se consacrer exclusivement à la peinture.

Hésitations qui nous semblent aujourd'hui inexplicables! Jusqu'à cet âge relativement avancé, Jules Chéret n'avait pas eu d'autre ambition que de gagner sa vie en faisant des affiches. Quelques-

---

1. Félicien Champsaur — encore très jeune — a été le premier journaliste qui ait attiré sur l'art de Chéret l'attention publique. Pendant l'exposition de la Bodinière, en 1889, des articles de Georges Rodenbach dans le *Figaro*, de Roger Marx qui écrivit la préface, et, en 1890, de Huysmans et de quelques autres, déterminèrent le succès. Beaucoup d'artistes éminents reconnurent en Chéret le don qui le rendait leur égal. Claude Monet proposa à Chéret, en échange d'un de ses pastels, l'un des tableaux qu'il venait d'exécuter, d'après les falaises de Pourville. Ce tableau occupe encore la place d'honneur dans le salon de Chéret.

uns avaient reconnu en lui un talent nettement, puissamment et absolument original. Ils avaient pressenti l'importance que plus tard on attacherait à ses œuvres. Cependant l'immense majorité du public et la généralité des artistes eux-mêmes, tout en admirant la verve et la nouveauté de cette décoration de plein-air, n'y attachaient pas d'importance.

Jules Chéret partageait cette opinion. Il vivait dans un quartier commerçant, en familiarité quotidienne avec ses aides-imprimeurs, artisan comme eux, ouvrier comme eux, et plus soucieux de ses échéances souvent difficiles que de relations utiles et de fréquentations mondaines. Il poursuivait son œuvre au jour le jour, au hasard des commandes industrielles, dépensant des trésors d'ingéniosité pour renouveler un genre dont il n'attendait pas d'autres avantages que la satisfaction de réussir dans son industrie.

D'où lui seraient venues les grandes ambitions? Il était le fils d'un typographe, bon ouvrier Parisien aimant sa profession, père de quatre enfants que la mère élevait avec soin. Ceux de ses grands-parents dont Chéret a entendu parler étaient tous Parisiens de naissance et vivaient de leur travail manuel. Son grand-père avait été débardeur et avait épousé en son temps une jeune blanchisseuse. L'ancêtre de la famille était un sergent racoleur qui avait été au service du Roi. Excellentes hérédités ! Jules Chéret, dans le milieu familial, respira le respect et l'amour d'une profession déterminée, le goût du travail bien fait, et il se trouva sans le savoir dépositaire d'une tradition familiale d'efforts consciencieux, sorte d'aristocratie ouvrière où le cœur, l'esprit et le goût vont s'affinant de génération en génération à mesure que la main devient plus adroite.

Son père, qui avait pour ses enfants une certaine ambition, aurait voulu que son fils Jules devînt un pharmacien. Le jeune homme s'y refusa. Il préféra qu'on le mît en apprentissage chez un graveur-lithographe. Il y demeura quatre ans, s'essayant dans l'art horriblement difficile[1] de calligraphier des noms propres pour les cartes de visite et les annonces commerciales. Il ne réussit jamais à se faire ce qu'on appelait une bonne main. Il réussit davantage dans l'art de composer des titres de musique, spécialité qui exigeait un certain goût personnel. Il atteignit l'âge de tirer au sort, fut exempté et

1. Le mot est de lui.

partit pour l'Angleterre. Il s'engagea chez un patron
dont la spécialité était d'imprimer des catalogues
pour magasins d'ameublement. Il entra ensuite
dans une imprimerie où il apprit à composer et à
imprimer des tableaux-annonces pour brasseries. Il
passa ensuite chez un éditeur de partitions établi
dans la Régent-Street et s'y occupa de composition typographique et d'illustrations pour les couvertures de musique. C'était déjà de la décoration.
C'est là qu'il rencontra le parfumeur Rimmel,
homme de goût et ami des artistes, qui lui confia le
soin de composer des illustrations pour un poème
humoristique célébrant la parfumerie. Rimmel était
à la tête d'une maison puissante. Illustrées ou non,
ses étiquettes représentaient une dépense d'une centaine de mille francs par an. Chéret persuada à
Rimmel de devenir son propre imprimeur, devint
l'organisateur de ce service, et finit par obtenir une
commandite d'une vingtaine de mille francs [1] pour
revenir à Paris établir un atelier d'imprimerie typographique.

La première affiche illustrée qui fit flamboyer

[1]. Qui alla peu à peu en grossissant, mais n'atteignit
jamais cinquante mille.

sur les murs de Paris le jaune vif et le vermillon de Chéret date de 1867. Elle célébrait les plaisirs du bal Valentino. Le succès fut grand. Commencée avec une seule presse, l'affaire se développa jusqu'à exiger l'établissement de onze machines. C'était la prospérité. Chéret dessinait, transportait sur pierre, tirait et imprimait lui-même. Il se faisait aider par des ouvriers, mais il ne se laissa jamais remplacer, jusqu'au moment où il céda l'affaire à la maison Chaix. Pendant cinq ou six ans il demeura Directeur de l'entreprise, et renonça enfin — pour la peinture — à une direction qui exigeait la totalité de son temps et de son attention.

Le catalogue des affiches composées et tirées par Chéret, établi à force de recherches par M. Béraldi, comporte environ quatre cents numéros. Beaucoup d'entre elles sont célèbres, quelques-unes sont des chefs-d'œuvre, pas une peut-être n'est sans intérêt.

*
* *

On me pardonnera d'avoir précisé ces détails biographiques. Ils ne paraîtront pas sans intérêt à

ceux qui croient que les hérédités, le milieu familial et social, les habitudes professionnelles, le
genre d'éducation et le plus ou moins de difficultés
rencontrées par un artiste au début de sa carrière
jouent un rôle important dans la formation de son
caractère, le développement progressif et l'orientation de sa sensibilité.

Même l'apparence physique, pour un psychologue, n'est pas un élément d'appréciation dénué
d'importance. Pour bien comprendre l'œuvre et la
vie de Toulouse-Lautrec, il n'est pas inutile de
savoir qu'il fut disgracié par la nature, petit, souf-
freteux et bossu. Ceux qui ont eu la chance de ren-
contrer Jules Chéret se font une idée plus nette de son
art si équilibré, si sain, si élégant et si français, si
parisien, si évidemment en accord avec une bonne
santé physique et morale : Très grand, très mince,
très agile, l'allure et le geste vifs, enthousiaste
comme au temps de sa première jeunesse, le teint
rose avivé par la neige des cheveux en coup de vent
et de la moustache blanche, la parole ardente et
d'une bienveillance constante, Jules Chéret porte
allégrement ses soixante-quinze ans [1].

1. Né à Paris le 31 mai 1836.

M. Gustave Geffroy, dans la préface de l'exposition du Pavillon de Marsan — en 1912 — a pu dire de lui qu'il ressemblait à un cavalier qui vient de descendre de cheval. Le mot est juste. Et ce cheval pourrait être Pégase. C'est sur des nuages, dans le domaine de la fantaisie et de l'irréel, que Chéret déploie le plus brillamment ses qualités d'imagination.

LES AFFICHES

Parlons d'abord des affiches. Pour se rendre compte de leur importance, il faut les comparer aux réclames industrielles qui couvraient les murs à la fin du second empire, et qui étaient aussi dénuées d'esprit, de goût, de sens artiste et de style que l'immense majorité des affiches qui, aujourd'hui encore, s'étalent sur les murs. Insignifiance, fadeur ou grossièreté, combien y a-t-il d'affiches qui échappent à l'un ou à l'autre de ces reproches? En 1867, pour la première fois, apparaissaient sur les murailles de Paris, sous notre ciel trop souvent pluvieux, parmi d'innombrables papiers coloriés, des taches de couleur éclatantes et pourtant délicates, capables de lutter avec n'importe quel voi-

sinage, attirant l'attention par des moyens picturaux, la retenant et même l'accaparant impérieusement, sans brutalité, sans grossièreté, avec élégance
et avec esprit.

Par les moyens les plus simples [1], en ne se ser-
vant que des trois couleurs essentielles : le rouge,
le jaune et le bleu, Jules Chéret faisait chanter sur
les murs des accords de tons dont il était l'inven-

1. Tout est en accord : la sobriété du motif, la simplicité
du procédé, la richesse du résultat. Le procédé de M. Jules
Chéret peut se décrire en quelques mots : un croquis sur
papier que l'artiste décalque sur chacune des pierres litho-
graphiques. Il ne s'est jamais servi de « la mise au carreau ».
Le crayon lithographique lui sert à indiquer les demi-
teintes, l'encre lui permet d'assurer la solidité, de préciser
les traits essentiels. Autant de pierres que de couleurs élémentaires : le rouge, le jaune et le bleu. Les trois tirages
se complètent parfois d'un quatrième, pour enrichir les gris.
Cependant beaucoup d'affiches, d'une extrême variété de
coloris, n'ont été obtenues qu'avec les trois pierres indispen-
sables. C'est par l'opposition ou la superposition des tons
primordiaux que sont obtenues toutes les variétés possibles
de coloris. Quand l'artiste distribue ses rouges, il pense à ce
qu'ils deviendront quand les jaunes leur seront superposés
et à ce que tous deux deviendront quand les bleus viendront
les éteindre ou les exalter. Il n'y a ici aucune technique ni enseignement qui vaille : c'est une question de mesure et de tact.
On sent très bien que l'artiste distribue d'abord sa tache

teur, merveilleusement riches et fins, et d'autant
plus surprenants pour les yeux perspicaces que le
salon des Artistes français était à ce moment unifor-
mément sombre, consacré à la peinture académique, à la peinture d'histoire qui n'était dans son
ensemble que de la peinture anecdotique minutieusement exécutée. Meissonier était le grand homme
de l'époque. Ce seul rapprochement des noms :
Meissonier et Chéret, fait sentir toute l'originalité
des efforts de Jules Chéret et la nouveauté de son
œuvre [1]. En se promenant dans les salles innombrables du salon des Artistes français on ne voyait
que tons sourds que les peintres nomment « des
tons sales » ; nulle part le joyeux contraste des tons
clairs s'opposant les uns aux autres, nulle part le
ton franc ni à plus forte raison l'opposition des
tons francs, partout le gris et le noir, la timidité

la plus éclatante — jaune pur ou vermillon — et que c'est
autour de cette tache centrale qu'il cherche les dégradés,
les contrastes, toutes les nuances ou délicatesses qui contri-
bueront à l'harmonie parfaite de l'ensemble.

1. Le salon des refusés est de 1863. C'est une date qu'il
faut avoir constamment présente à l'esprit quand on veut
apprécier la part respective de chacun de ceux qui ont pris
un rôle dans le renouvellement de la tradition française.

des colorations, « l'impeccabilité » et la sécheresse du dessin.

Sorti du peuple, n'ayant fréquenté ni l'École des Beaux-Arts, ni les maîtres en possession du succès, ignorant et malhabile, autodidacte attentif, persévérant, et soumis aux élans obscurs de son instinct et de sa sensibilité que ne bridait aucun enseignement didactique, Jules Chéret fut révolutionnaire sans s'en douter. Étant un décorateur, il chercha les moyens de s'adapter le plus étroitement possible à la destination des œuvres qu'on lui commandait. Puisque c'étaient des affiches, c'est-à-dire des œuvres destinées à frapper vite et fort le regard des gens affairés, il en vint à subordonner toute sa composition à l'effet immédiat, élémentaire et rigoureusement unitaire, il voulut tout dire en un mot impossible à ne pas entendre et qui fût inoubliable.

LA RECHERCHE PAR LA COULEUR

Comme il était né coloriste il chercha la solution du problème par la couleur au lieu de la chercher par le sujet. Voilà l'essentiel de la trouvaille de Chéret. Ses émules dans le domaine de l'affiche cherchaient à attirer l'attention et à la fixer par l'ingéniosité ou le grotesque du sujet. C'étaient « les humoristes » de l'époque, bien que le mot ne fût pas encore créé. Chéret renonça au sujet et procéda à ses recherches uniquement par les accords de tonalités. Impulsion instinctive d'un tempérament beaucoup plus que résultat d'une décision de la volonté! Jules Chéret n'était pas un peintre et il n'avait aucune prétention à jouer un rôle dans l'évolution de la peinture moderne à laquelle il se croyait étranger. Il voulait obtenir de l'éclat et voilà tout. Cependant il fut — sans le savoir — l'un des trouveurs de l'Impressionnisme. D'instinct il avait éliminé les noirs, donné la prédominance aux contrastes de tons clairs, employé le ton pur et poursuivi dans l'élaboration de ses œuvres la couleur pour la couleur. Ce n'était certes pas toute la formule impressionniste et il y manquait entre autres éléments capitaux la recherche du ton dans l'air et l'analyse des variations de la lumière sur les objets en plein air, mais c'était déjà — vers 1867 — l'essentiel de la palette et l'esprit de la Réforme.

Le point de départ de Chéret l'amena à d'autres découvertes. Puisqu'il pensait avant tout à la couleur il chercha des motifs [1] qui fussent des éléments de décoration, des occasions de déployer des qualités de coloriste. Il pensa à des personnages mais aussi à des chapeaux, à des robes, à des rubans, à des gestes d'envol et il associa dans son imagination la vraisemblance de ces motifs grâce à une certaine imitation de la réalité, et le désir de ne jamais s'asservir à cette réalité afin de demeurer dans le domaine de l'irréel et de la fantaisie. Il chercha enfin à préciser par le mouvement de ses personnages et les détails de leur costume le sentiment élémentaire qu'il se proposait de suggérer en même temps par la couleur. Ce sentiment se confondait dans son esprit avec le produit commercial à vanter ou l'établissement à recommander.

Rappelez-vous par exemple l'affiche de 1867

[1]. Et non des « sujets » proprement dits. Aucune des affiches de Chéret n'explique avec précision un sujet déterminé. Il n'y a pas de légende ni d'explication possible. Tout se résume en une tache et un mot : Une jupe rouge et : Valentino! des chapeaux jaunes et : Paméla! Cela suffit. On devine quel genre de plaisirs promettent ce bal et cette modiste.

pour le bal Valentino, l'affiche pour le Moulin-
Rouge, celle des pastilles Géraudel ou l'une des
quatre cents autres et dans votre esprit se précisera
le processus de la conception. Avant tout une com-
binaison de taches de couleur, ensuite des personnages de fantaisie pour faire chanter la couleur,
enfin, la subordination de ces deux éléments à un
but déterminé : suggérer une idée toute simple et
aussi engageante que possible, par exemple : « Allons
danser à Valentino », « Entrons au Moulin Rouge »,
« Prenons des biscuits un tel ».

L'ORIGINALITÉ DU DESSIN

Or l'ignorance du dessin qu'on apprend à l'école,
la recherche d'une arabesque qui se subordonnât à
la couleur et le désir de trouver un langage graphique aussi éloigné que possible de toute réalité
étroite mais qui fût cependant suggestif d'une réalité précise et stimulateur de sentiments très vifs
aboutirent à cette nouvelle trouvaille : un dessin
entièrement personnel — aussi différent que possible du dessin d'école — et cependant excellent

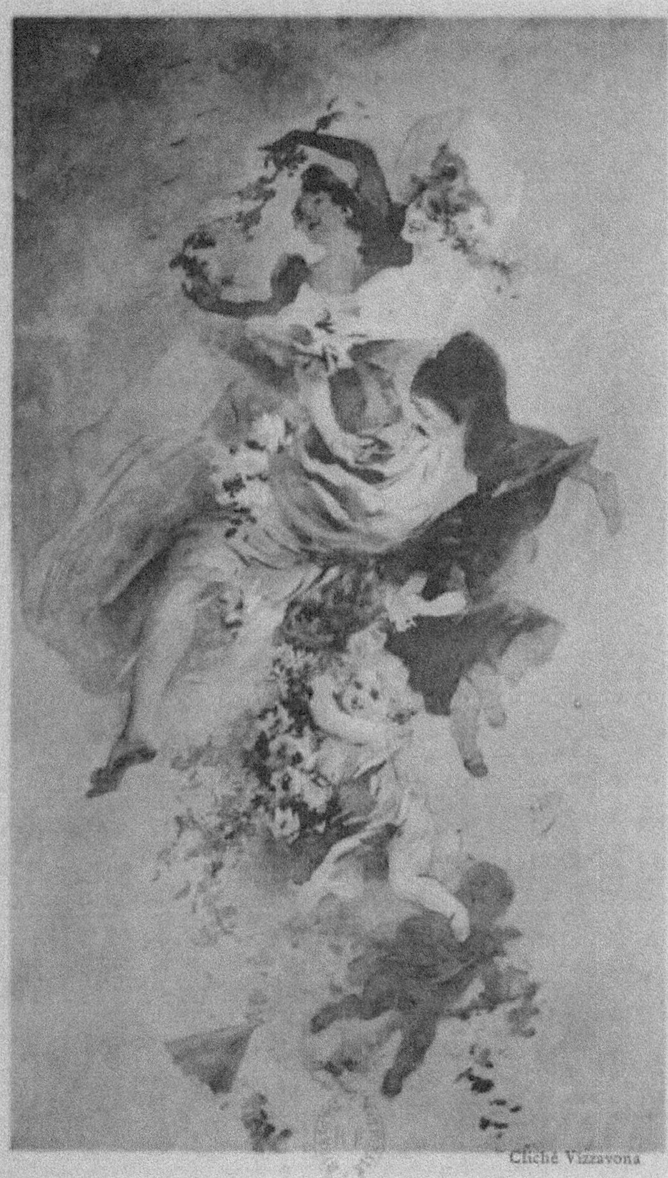

PANNEAU DÉCORATIF

puisqu'il est très élégant, très séduisant, très suggestif et très intellectuel.

En soi le dessin n'existe pas. C'est une écriture.
Toute définition en est impossible sauf si elle est
extrêmement générale. C'est l'art d'exprimer des
idées ou des émotions par un moyen graphique.

Devant une affiche ou un pastel de Chéret il n'est
pas de professeur qui ne dise : « C'est mal dessiné.
Regardez l'attache de ce pied. Où est le nu sous
cette robe? » Et leur critique est justifiée. Peut-
être eux-mêmes dans leurs œuvres évitent-ils ces
défauts, mais il est à craindre que leurs dessins
n'aient aucun accent, aucune puissance d'expression,
aucun pouvoir de suggestion. Or c'est cela qui est
l'essentiel. Et c'est parce que le dessin de Chéret
est merveilleusement élégant, expressif, et séduisant, si incorrect et insufisant qu'il paraisse à d'autre
points de vue, que c'est un très beau dessin. Il est
permis de croire que ce dessin aurait été encore
plus beau s'il avait eu plus de précision, plus de
nerveux, plus d'ampleur, mais il était essentiel qu'il
n'eût pas moins de grâce, de charme ni de légèreté.
Tel qu'il est c'est un dessin extrêmement original et
délicieux.

L'INVENTION D'UN TYPE

Chéret ne l'a perfectionné que peu à peu, et c'est en cherchant à combiner de plus en plus étroitement l'harmonie de couleurs, l'arabesque des silhouettes, la recherche du mouvement et la puissance de suggestion du sentiment à imposer qu'il en est arrivé à une découverte nouvelle et qui n'est pas la moins importante : la création d'un type entièrement nouveau de « Parisienne », une sorte de personnage demi-réel et demi-fantastique, sœur de la Colombine italienne, de la Zerline espagnole, émule des soubrettes de notre XVIII° siècle et même des danseuses de Pompéi ou de Tanagra, personnification de la grâce spirituelle, de l'ironie, de l'enjouement, de l'espièglerie, de la gaîté malicieuse, symbole de la Parisienne enivrée des plaisirs de Paris et dont l'agitation nerveuse fait penser à la gaîté trépidante des petites danseuses anglaises, des clowns au rire silencieux et inextinguible, des pantins fardés et des poupées vivantes.

L'honneur de créer un type est encore plus rare dans le domaine de la peinture qu'il ne l'est dans

le domaine littéraire. Chéret a trouvé ce type sans
l'avoir cherché, en résumant et en précisant de plus
en plus la conception qu'il s'était faite de la Parisienne des parties de plaisir et des soirs de fête. A
force de créer des silhouettes de femmes qui fussent,
l'une malicieuse, l'autre spirituelle, l'autre ironique,
il a fini — par un travail inconscient — à les fondre
toutes en un seul type les symbolisant toutes.

La Parisienne de Chéret est aussi synthétique que
la marquise poudrée, symbole d'une partie de la société du xviii° siècle, et, dans l'ordre psychologique,
que la soubrette futée qu'on sent complice naturelle de toutes les intrigues. Ce type nouveau prend
sa place à la suite des types significatifs de notre
race à certaines époques. Je crois à son immortailté.

LE CHOIX D'UN ORDRE DE SENTIMENTS

A mesure qu'il prenait une conscience plus nette
de sa propre personnalité Jules Chéret faisait choix
d'un ordre de sentiments que nul n'avait découvert
avant lui. Il devenait « le peintre de la joie ». Cette
joie qu'on sent un peu factice, momentanée, sur-
saut du système nerveux, ne se confond pas

avec le sentiment du bonheur. C'est l'exaltation d'une minute : Parisienne qui se cambre sur un baudet à Robinson, toute heureuse de se sentir regardée, ou qui se profile sur des rouges vifs en brandissant des fleurs ! Or cet ordre de sentiment qui n'est pas très important et qui ne touche en rien aux grandes facultés de l'âme est tout de même d'un intérêt général. Les hommes les plus graves ont éprouvé à certains jours ces impulsions qui les ont emportés sur un rhytme de danse dans un quadrille improvisé ou dans une farandole soudain organisée. Tout le monde a pris plaisir à regarder chez les jeunes gens — plus particulièrement chez les jeunes femmes — ces explosions de gaîté juvénile. En traduire le rythme et le mouvement, avoir éternisé cet instant insaisissable, c'est l'originalité de Chéret et c'est son mérite. Il a su dépouiller cette gaîté de tout ce qu'elle peut avoir, dans la réalité, de vulgaire ou de grossier pour n'en offrir dans ses œuvres que la représentation idéale et pour ainsi dire « la fleur ». C'est le sentiment de la joie, mais dénué de tout geste vulgaire. C'est l'élan vers la joie. Loin d'être la représentation exacte d'une femme ou d'un jeune homme qui s'amusent, ces pastels,

dessins ou affiches sont des variations transposées
de la réalité à propos de ce motif. Ce sont des trans-
figurations. Elles sont d'un goût affiné, d'une
mesure parfaite et d'un rythme entraînant. Ce sont
des interprétations intellectuelles et sentimentales.
La couleur et le dessin, loin d'être les serviteurs de
la réalité exacte, deviennent des moyens d'expression libérés de toute servitude à l'égard du motif,
des moyens de suggestion inventés par un peintre à
qui répugnerait toute vérité trop exacte, toute grossièreté, toute vulgarité. Poète et transfigurateur,
voilà les qualités essentielles de cet artiste.

Par tempérament, par instinct et non par rai-
sonnement ou par progressive assimilation, Jules
Chéret était un Décorateur. Il en avait les qualités
essentielles : un certain tour d'imagination, de conception et d'exécution picturales, le sens de l'adaptation à un but ou à un espace déterminé, le don de
transfiguration. Il a exprimé avec clarté des sentiments simples et d'un intérêt suffisamment général

De la transcription rapide d'une émotion vive,
par un contrôle persévérant sur soi-même et par
des recherches de plus en plus précises, peu à peu
il est parvenu au style.

LES PEINTURES DE L'HÔTEL DE VILLE

A l'Hôtel de Ville de Paris, la salle de la 3ᵉ Commission pourrait s'appeler « Les Amusements de Paris ».

Sur le mur face aux fenêtres un grand panneau central, disposé en largeur mais coupé par le rectangle en hauteur d'une grande porte, représente « la Danse ».

A notre droite, au premier plan, une ballerine blonde, extrêmement décolletée, est vêtue d'une robe de soie vert d'eau, dont la jupe s'épanouissant à la taille laisse à découvert les jambes longues précisées jusqu'au soulier par des bas noirs. Elle rit, les mains posées sur la hanche. Elle n'est pas vulgaire mais elle est peuple. On l'imagine dans un théâtre populaire plutôt qu'à l'Opéra. D'immenses coquelicots rouges en guirlande sur le corsage et jetés çà et là sur la robe avivent encore ce caractère un peu provocateur mais dénué de toute canaillerie. Elle s'amuse. C'est une enfant de Paris qui est devenue danseuse comme d'autres sont devenues fleuristes. Elle s'amuse et elle nous amuse.

Derrière elle deux ballerines un peu plus préten-
tieuses, en tutus de gaze jaune, s'exercent au grand
art. Elles font des pointes. Elles lèvent les bras
avec un désir de noblesse. Mais nous ne sommes pas
dupes. Elles ont de gentilles frimousses de faubou-
riennes à cheveux blonds. Elles sont gaies, amusantes, spirituelles à leur manière et, derrière elles,
la chaîne heureuse dont elles font partie se continue. On agite des guirlandes. On prend des poses
plastiques. Cependant personne ne s'en fait
accroire. Ce sont des jeunesses qui s'amusent, et
elles ont confiance dans le public qui doit être bon
enfant. Elles ont raison de ne pas avoir peur de
lui. Qui pourrait leur tenir rigueur? Elles sont telle-
ment dénuées de fatuité!

La ronde, un instant interrompue à cause de
l'étroitesse du rectangle qui surmonte la porte, recommence dans la seconde partie du panneau, à
notre gauche, et redescend au premier plan. Les
costumes ont changé. L'une de ces évaporées est en
travesti Louis XV, la seconde a une robe de marquise et fait battre de l'aile à son éventail. D'autres
— non moins gentilles — forment dans la pénombre

bleue les chaînons intermédiaires et deux charmantes espiègles forment la base qui s'appuie sur le bord inférieur du cadre. L'une est en jaune (le jaune de Chéret!), l'autre en gris bleu piqué de rouge et de jaune. Elles sont exquises. Presque nue dans sa gaze de soie jaune qui lui laisse entièrement à découvert les épaules, les jambes serrées dans un maillot, celle qui est le plus en vue est d'une verve endiablée. Sa tignasse blonde se relève en coup de vent. C'est presque un toupet de clown. Elle nous tourne le dos, mais elle a soin de se tordre un peu le cou pour nous montrer son visage à peu près entièrement de face. Elle a des yeux en amande et cernés de brun, de longs cils, un visage mutin, un menton pointu, une bouche spirituelle et une expression de visage infiniment drôle et intelligente, fleur de pavé parisien mais déjà très affinée et qui en a vu de « toutes les sortes ». Elle s'amuse. Sa compagne est chargée par le peintre d'éviter un vide dans le fond du panneau et de contribuer par le coloris de son costume à la musique de l'ensemble. Elle est un peu sacrifiée. Son rôle est, à proprement parler, de second plan. Avec sa capeline et ses coquelicots posés comme des

JULES CHÉRET

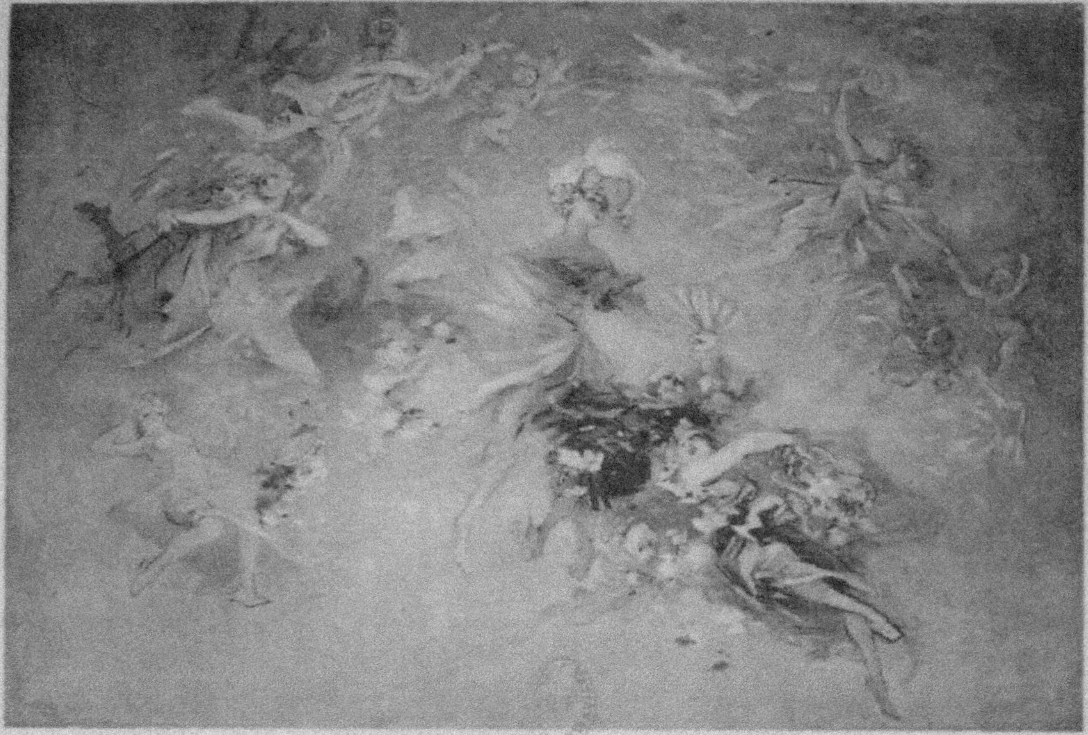

Cliché Druet

PANNEAU DÉCORATIF

(TAVERNE DE PARIS)

cerises sur ses oreilles elle fait penser à la grisette de 1830 et s'acquitte à merveille de son emploi qu'au théâtre on appellerait « grande utilité ».

Ainsi se trouve atteint le but du peintre décorateur. Tout l'espace qui lui était confié est décoré. Ni trou, ni surcharges. L'harmonie de couleurs est fine, chatoyante. Elle se compose de quatre grandes taches jaune, grise, gris jaune et vert léger sur un fond de nuages bleuâtres. L'ensemble se meut dans une atmosphère de légende, de rêve, de caprice et de fantaisie. On sent un je ne sais quoi d'espiègle. C'est le sourire et c'est la gentillesse de Paris.

Le deuxième panneau, à notre gauche, nous montre un autre amusement de Paris. C'est « la comédie en cent actes divers » qui se joue continuellement sous les yeux de ceux qui savent regarder. Chéret a choisi, parmi les types du théâtre de Molière, ceux qui sont d'une vérité éternelle et qui demeurent par conséquent de notre temps.

Au premier plan, en beau costume emphatique, l'air important, tout bouffi de vanité et de contentement de soi, voici le Bourgeois Gentilhomme. Il est vêtu d'un superbe habit vert brodé d'or, d'un gilet et d'une culotte de soie blanche également brodés d'or et d'un tricorne à panache de plumes. Une servante en corsage rose le menace en riant d'un fleuret brandi comme une verge.

Derrière eux une sorte de ronde se forme. Voici Scapin en costume et manteau rayés de gris et de rose. Derrière eux, se détachant sur le fond gris perle, on reconnaît Célimène, les Précieuses, les Marquis, et le Malade Imaginaire, à peu près au centre, en robe de chambre d'un gris jaune; voici les Apothicaires, les docteurs à bonnets, et, tout près de nous, placé au premier plan mais sans lutter pour la première place avec le Bourgeois gentilhomme, l'Avare en justaucorps brun qui serre dans les bras sa cassette.

Parmi tous ces personnages, réchauffant le tout de sa belle robe jaune, la Parisienne brandit en riant dans chaque main un masque qui rit et un autre masque qui s'indigne. On pense nécessairement au caractère d'Alceste et à celui de Philinte qui symbolisent depuis Molière les deux façons de regarder les spectacles de la vie.

Du côté des fenêtres, un grand espace est demeuré vide et cependant l'équilibre n'est pas rompu. Ce vide contribue à la beauté de l'ensemble. La

composition est parfaitement claire et d'une gentillesse, d'un esprit, d'une vivacité et d'une grâce
extrêmes. Le fond se compose de nuages légèrement
indiqués. Il offre, au bas du panneau, des roses
chaleureux de soleil couchant et, dans le haut, les
ombres bleuâtres d'un ciel nocturne. Cela fait penser
au déroulement d'une journée.

La précision relative du premier plan fait penser
aux réalités de la vie quotidenne et l'indécision
encore si vivante des personnages d'arrière-plan au
charme du souvenir.

*
* *

Le troisième panneau a pour fond des nuages
d'un rose vif au premier plan et d'ombres bleuâtres
dans le haut. La lune est suspendue au-dessus de
Montmartre, échancrée par les ailes tournoyantes
du Moulin de la Galette qui profile sur sa clarté
pâle sa silhouette de bois vermoulu pareil à un
jouet de parade.

Partant de notre gauche et se prolongeant en
farandole presque en diagonale pour aboutir tout en
haut et à notre droite, voici des types populaires :

— 235 —

« le Matamore » en costume cyranesque posant la main sur son épée d'un air bravache à souhait. Voici une Montmartroise qui a tous les caractères de « la petite femme de Chéret » et qui n'en est pas moins une interprétation véridique de la réalité : costume court, gris et rose, très décolletée, grand chapeau jaune rehaussé d'une fleur, ensuite un Pierrot ver- dâtre qui montre le fond de ses poches et enfin le groupe de l'éternelle comédie de Montmartre et de tous pays : Polichinelle mi-partie jaune et vert avec son nez protubérant et ses deux bosses, Colombine qui l'entraîne dans la danse et Arlequin brandissant sa batte. D'autres gentilles créatures dégrafées, rient de toutes leurs dents et se profilent presque en ombre chinoise derrière une silhouette de bau- det qui fait penser aux joyeux dimanches d'été de Robinson.

Quelle belle harmonie de couleurs! Cela est vif, joli, tendre et gai. Du point de vue couleur, c'est peut-être le plus réussi. Les ombres bleuâtres sont légères, fines, transparentes. La nuée pénétrée de soleil couchant est d'une diaprure charmante. Tout s'arrange, se fond, s'harmonise et se distribue avec beaucoup d'éclat, beaucoup d'ordre et un sens particulièrement heureux de la répartition des grandes taches.

A contre-jour[1], entre les deux fenêtres, dans la même gamme on voit des jeunes femmes jouant de la mandoline, du violon ou du trombone parmi des fleurs et des nuées.

Ajoutez aux quatre coins, quatre longs panneaux très étroits, décorés avec infiniment de goût, d'esprit et beaucoup d'habileté technique par des groupes de petites filles portant les jouets de leur âge : bateaux à voiles, poupées à la mode de Paris, tambours, trompettes. Un petit garçon ceinturé d'un immense cor de chasse chevauche tout heureux son coursier en bois.

* *

Tout cela est exquis. Si nous nous demandons pourquoi nous éprouvons un aussi vif plaisir, les

1. A la lumière du soir toute cette décoration est encore plus brillante, plus spirituelle et plus gaie. Les quatre peintures de dessus de porte — assez mornes — reprennent leur place dans l'ensemble.

raisons se présentent d'elles-mêmes avec une grande clarté.

D'abord la conception de cet ensemble est décorative et purement décorative. On ne conçoit même pas que ces panneaux puissent être détachés du mur pour lequel ils ont été faits sans qu'ils perdent, par le seul fait de leur transport, une partie très importante de leur beauté. Il n'est pas moins impossible de séparer par la pensée telle ou telle partie de cet ensemble, tel ou tel personnage dans tel ou tel groupe, sans qu'apparaisse un trou et que tout se désaccorde. Ces rondes, pour s'élancer, ont besoin de ce mur comme d'un point d'appui pour prendre leur élan. On sent qu'elles ont été imaginées et exécutées pour cet espace particulier et qu'elles ne pourraient s'adapter sans dommage à aucun autre. Ces peintures font corps avec le mur. C'est une qualité essentielle.

La distribution des taches procède aussi d'une conception purement décorative. Il est évident que l'artiste a vu en imagination la répartition de ses masses colorées en se plaçant devant le mur et en se soumettant à lui. Il a senti qu'il fallait ici ou là des pleins et des vides, ici des accents forts et là des accents légers, ici des mouvements et plus loin des repos. Or ce travail de subordination s'est fait dans son esprit en s'accordant avec la conception de son sujet qu'il voulait léger, spirituel, amusant, un peu narquois et non dépourvu d'une ironie mêlée de tendresse.

L'idée générale a pu surgir dans son imagination en dehors de la pièce qu'on lui confiait, mais c'est devant le mur[1] qu'elle a pris corps, qu'elle est devenue définitive. Ces suggestions silencieuses des espaces ont restreint ou amplifié sa pensée générale qui n'était pour ainsi dire qu'un croquis susceptible de se développer ou de se restreindre selon les nécessités permanentes des espaces muraux, des découpures des portes, des saillies de la corniche et des surfaces planes de la plinthe.

Cette idée générale était charmante, d'une fan-

---

1. Dans toutes ces pièces, la décoration architecturale est malheureusement lourde, prétentieuse, totalement dénuée d'esprit et de grâce, officielle dans le plus mauvais sens du mot. C'est un contraste douloureux. Le plafond à caissons gris et or est déplorable. Les boiseries des portes et les plinthes sont dépourvues de tout agrément. On n'y découvre aucun souci de proportions heureuses ni d'invention d'aucune sorte.

taisie, d'une grâce et d'une irréalité non dépourvue d'observation ni d'une certaine nuance de philosophie sans prétention. Quoi de mieux pour ce « salon de conversation » que ces « Amusements de Paris » qui, dans les salons ou les cercles, forment presque toujours le début et souvent le meilleur des sujets de causerie ? Ces peintures créent une atmosphère. Il est bon que ce soit ici que des conseillers municipaux s'entretiennent des intérêts et de la beauté de la capitale.

Les étrangers qui visitent l'Hôtel de Ville ont le droit de s'étonner et de s'émerveiller. De quelque pays qu'ils soient il n'y a aucune chance qu'ils trouvent chez eux cette gentillesse affinée, cette spiritualité sans lourdeur, cette grâce qui n'a rien d'appuyé. C'est l'atmosphère de Paris. Ces peintures sont d'accord avec le brillant un peu factice de la vie montmartroise ou boulevardière, avec la gaîté de la rue à l'heure de la sortie des ateliers. On croit entendre ici l'écho des conversations, la boutade du gavroche, la réponse preste de la midinette, la philosophie familière du Boulevardier qui fait des mots. Cette façon de comprendre la vie et l'art décoratif est aussi loin que possible de l'humour anglais, de la plaisanterie allemande ou de l'énormité parfois cocasse des histoires de Saint-Pétersbourg.

La couleur est en accord avec les sujets. C'est à peu de chose près la palette impressionniste : des violets, des gris perle, des roses légers, des verts tendres. La couleur elle-même a quelque chose de spirituel et d'ironique. Elle semble se moquer de la peinture officielle. La muse de Chéret, quand elle regarde des tableaux d'Histoire, trouve le mot qui fait rire. Ici l'on cause. La redondance emphatique de Joseph Prudhomme ou du Bourgeois gentilhomme est un sujet de plaisanterie. Et cette ironie est sans méchanceté. Ce rire désarme. Il est inutile de prendre des attitudes de pédagogue. Comprendre le sens de ces peintures et le genre d'esprit qui les a inspirées cause au spectateur un plaisir intellectuel comparable au plaisir que cause à un interlocuteur une vive répartie dont il a saisi le sous-entendu. La physionomie s'éclaire. Les deux interlocuteurs sont contents l'un de l'autre. L'un a de l'esprit. L'autre a été digne de le comprendre.

Que nous importe si un pédant veut nous faire remarquer que les jambes de cette petite femme en jaune ne sont pas attachées au corps avec autant de vérité rigoureuse que ne s'attachent au corps les jambes des danseuses de Degas? Quelqu'un dira sentencieusement que sous ces robes pailletées on ne sent pas le nu véridique et vivant comme on le sent sous les draperies d'un Léonard. Il est possible. L'observation ici est sans intérêt. Ces visions jolies ne prétendent pas au grand art. Cependant elles s'en approchent de près. Elles ne visent pas à la profondeur de pensée ou de sentiment. Ces personnages sont suffisamment vrais pour n'être pas conventionnels et suffisamment irréels pour échapper à la discussion. Ils se sont élancés de l'imagination du peintre tout ailés et frémissants. Ne les soumettons pas au contrôle d'une raison raisonnante.

L'instinct ou, si l'on veut, l'intuition sont des maîtres bien plus sûrs que la logique et la dialectique. Tous les raisonnements du monde sur la perfection classique ne nous feront pas prendre plaisir à une peinture ennuyeuse. Les imitateurs de Raphaël peuvent être impeccables. Comme j'aime mieux la liberté heureuse et la spontanéité de Jules Chéret !

L'artiste a répondu d'avance à ces reproches de pédant en plaçant tous ses personnages sur des nuages de rêve, au-dessus du sol, au delà des réalités sévères, dans un autre domaine, sur un autre plan que les imitations du réel ou les vérités exactes. Il a bien le droit de rêver, cet artiste qui a de l'imagination, et de sourire et de s'amuser! Pourquoi n'aurions-nous pas le droit de lui donner la réplique et de le suivre au pays de la fantaisie?

Ces combinaisons de lignes sont d'une grâce irrésistible. La qualité essentielle du dessin, c'est de suggérer des formes et de noter des mouvements. De ce point de vue le dessin de ces panneaux échappe à la discussion. Chéret a le don du mouvement. Ses personnages vivent, bougent, s'élancent. S'il a plu à l'artiste de considérer les hommes comme des pantins dont un inconnu tire les ficelles, qui pourrait lui faire grief d'une conception de l'humanité qui s'accorde — par un détour — avec celle que se sont faite les plus illustres penseurs? Montaigne ou La Rochefoucauld n'avaient pas une autre opinion des pauvres êtres que nous sommes. Si les personnages de Chéret gardent tous un je ne sais quoi des Polichinelles et des Arlequins, la survivance — peut-être immortelle — de ces types de la comédie italienne prouve surabondamment à quel point ces êtres en apparence dénués de vie profonde correspondent au contraire à de puissants raccourcis des sentiments élémentaires de la pauvre humanité.

De la conception du monde qu'analysent ces Colombines, ces Arlequins, ces Pierrots et ces Parisiennes futées, je consens certes à ce qu'on dise qu'elle est légère, sommaire, et même superficielle. Cependant cette liberté heureuse, cette aisance dans le dialogue, cette ironie, cette grâce, cette gentillesse, ce petit spasme d'une émotion fine et tendre sont des qualités rares et plus importantes que celles qu'on admire d'ordinaire dans les vastes anecdotes officielles.

Où pourrait-on découvrir un peintre qui soit plus digne de décorer une salle consacrée aux divertissements? Dans l'une de ses acceptions, le mot génie implique le sens de lutin immatériel, capricieux et fantaisiste. Dans ce sens là Jules Chéret a du génie. Il a inventé ou réinventé un univers comparable à celui que Marivaux ou Beaumarchais s'étaient créé. Il a inventé ou réinventé tous ses moyens d'expression. Dans un domaine restreint il a fait preuve d'une fécondité et d'une variété extrêmes.

LE RIDEAU DU THÉATRE GRÉVIN

Regardons ensemble le rideau qu'il a peint en 1894 pour le petit théâtre du musée Grévin. Avant de l'examiner faisons un effort de mémoire, et rappelons-nous les autres rideaux de théâtre qui existent à Paris; nous nous ferons une opinion sur les difficultés du genre. Presque partout une imitation de draperie rouge avec des plis en tuyaux d'orgue. Sur d'autres scènes on voit des imitations de scènes galantes peintes avec minutie, avec sécheresse, en des tonalités acides, des copies sur une échelle immense de « l'Embarquement pour Cythère » ou de « l'Assemblée dans un parc » entourées des arabesques compliquées d'un Louis XV désaccordé. Peintures sans invention, sans esprit, sans harmonie, sans gaîté, exécutées par des manœuvres n'ayant aucun sentiment de la joie ou de la tristesse que suggèrent les couleurs. Jusqu'en

1894, il n'y avait pas un seul [1] rideau de théâtre à Paris qui méritât d'être distingué des autres.

Regardons maintenant quelle a été l'œuvre de Chéret et nous sentirons en même temps ce qu'il y a de foncièrement original dans sa manière de concevoir, et de quelles ressources infinies sont susceptibles son esprit et son ingéniosité.

Avant tout il se propose de faire une œuvre de peinture. Placé devant le rideau nu il répartit en imagination ses grandes masses colorées et dès le premier contact visuel il délimite en esprit.

Il voit d'abord la grande tache de jaune vif qui formera la dominante de l'œuvre et qu'il prolongera et soutiendra par des « dégradés » de bleuâtre et de bleu sombre jusqu'aux extrémités de la toile. En imagination il voit l'ordonnance de l'ensemble et, par un double travail visuel simultané, de ces grandes taches qu'il imagine surgissent des taches plus petites qui délimitent les formes des personnages futurs. Cependant il ne songe encore ni au mouvement qu'il leur donnera (ou du moins repousse-t-il dans l'arrière-fond de la conscience ces

1. Il y en a aujourd'hui un second. C'est le rideau de la Comédie des Champs-Élysées par K.-X. Roussel.

détails qui pour le moment ne pourraient que le gêner) ni surtout à l'expression de physionomie qu'il leur prêtera. Pendant ce premier travail il ne voit que des masses, il les distribue, il les oppose l'une à l'autre, les intensifie l'une par l'autre et il se propose que — dès l'abord — par cette seule répartition le spectateur éprouve l'impression de joie qu'il éprouve lui-même et qu'il veut lui communiquer. C'est la distribution de ces taches qui engendre le mouvement général de la composition. En même temps se précise dans son esprit la division du rectangle par une ligne onduleuse qui part de l'angle gauche et en bas pour aboutir à l'angle droit et en haut ; c'est sur cette diagonale (invisible pour les non-initiés) que s'échelonneront, comme sur une immatérielle échelle de Jacob, la théorie des personnages. Déjà Jules Chéret imagine au premier plan et en bas le Pierrot jaune qui rit et gratte du banjo ; derrière lui, une Colombine très décolletée, également en robe jaune, tient sa jupe des deux mains, fait des pointes, rit de toutes ses dents et de ses deux grands yeux noirs. Elle a une perruque presque jaune et un chapeau jaune avec des rubans qui volent. A sa droite, Arlequin se détache sur des bleuâtres grisés qui font chanter les losanges rouges de son costume. Il danse en brandissant sa batte derrière un Polichinelle tout rouge, très amusant, à califourchon sur un baudet gris harnaché de rouge qui porte en croupe une gentille petite femme vêtue de jaune. Au delà de ces personnages, suivant la courbe qui remonte en diagonale vers le haut du rideau, un Scapin de tonalité grise donne le bras de part et d'autre à deux jolies filles, et, derrière eux, dans les fonds qui deviennent bleuâtres, on distingue une queue de cortège, personnages falots et gesticulant, faisant se prolonger cette théorie (on peut penser aux Panathénées montmartroises) jusqu'à un moulin dont les ailes se profilent sur la lune.

Pour enfermer la composition, l'artiste imagine, à droite, un pan de rideau rouge qui retombe, et à gauche un vase jaune. C'est un prétexte pour y peindre des fleurs d'automne et pouvoir y piquer des rouges qui répondront aux rouges du pan de rideau et encercleront le tout.

Tout le fond bleuâtre est formé de nuages chimériques que domine la rondeur de la lune.

Sur cette trame légère tout s'enchaîne et tout se

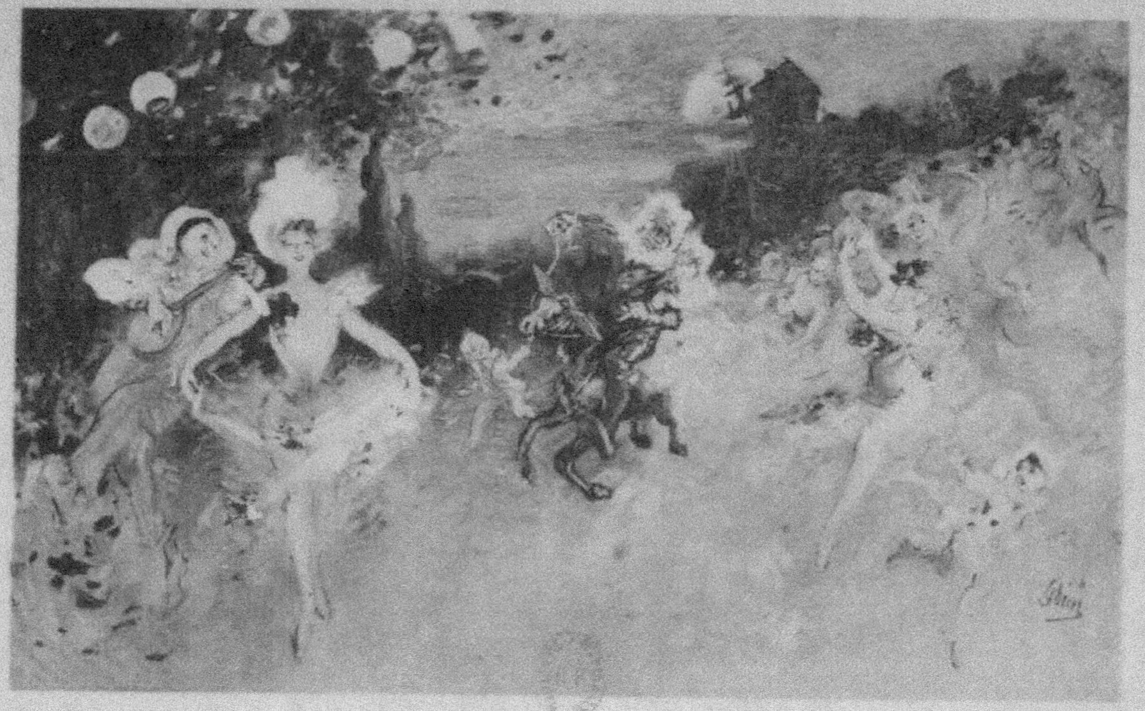

PANNEAU DÉCORATIF

(RÉPLIQUE AU PASTEL DU RIDEAU DU THÉATRE-GRÉVIN)

lie. Même des accessoires qui, en apparence, ne jouent aucun rôle : par exemple, au premier plan les deux masques, le rouge et le noir, ou un petit hochet rouge, se trouvent avoir dans sa vision une importance très grande parce qu'ils font chanter par leurs notes vives les grands à plats jaunes ou gris. C'est une vision de coloriste. Les bleus plus lourds forment un fond aux personnages. Quand ils n'ont point ce rôle stabilisateur ces mêmes bleus s'allègent, s'estompent, se dégradent, vont se perdre dans le bleu du ciel. Dans l'ensemble et dans le détail on sent un ordre supérieur, une conception décorative qui ne laisse rien au hasard et ne donne jamais aux détails une place exagérée, les dissimule au contraire pour que chaque chose soit à sa place et contribue — chacune pour sa part — à l'impression générale.

Le rideau tout entier est vraiment délicieux d'harmonie, de juste équilibre, d'élégance juvénile, de mesure et de gaîté de bon aloi. Ce Polichinelle sur son baudet est impayable. Le Pierrot danse de tous ses membres. Tout le reste remue, chante, s'amuse sans qu'on puisse noter la moindre vulgarité, le moindre manque de goût ni le moindre manque de mesure.

De l'invention, du goût, du mouvement, des trouvailles spirituelles et des harmonies de couleur, voilà les caractéristiques de ce rideau. On remarquera que ce sont des qualités dont il est rare qu'on puisse faire honneur même à des œuvres décoratives déjà consacrées par le temps.

Il suffit, par un coup d'œil rétrospectif, de le comparer avec n'importe lequel des autres rideaux de Paris pour sentir la place que Chéret s'est faite dans notre art décoratif. On peut comparer ce rideau à un sourire de jolie femme qui, par miracle, garderait pour l'éternité sa grâce persuasive et son pouvoir prestigieux de stimulation sur les sensibilités humaines.

LES AUTRES DÉCORATIONS

Dans chacune des décorations exécutées par M. Jules Chéret vous retrouverez le même parti pris décoratif, le même souci de faire se jouer les couleurs dans la gamme la plus riche et la plus délicate, le même dédain pour l'imitation exacte de la réalité et le même élan d'imagination qui fait jaillir tout un monde irréel et pourtant vivant.

L'un des ensembles les plus importants a été exécuté pour la salle de billard de M. le baron Vitta à Evian[1]. Sur les murs se déroule une sorte de ronde où s'enlacent, se séparent, se retrouvent et se séparent à nouveau des Colombines, des Pierrots, des clowns jouant du banjo, de jeunes bacchantes soufflant en des trompettes ou agitant des cymbales, des ballerines et des putti. Dans le grand ovale du plafond, des figures de femmes tendent les mains à des amours et se renversent sur les nuages avec des crispations rieuses de jeunes bacchantes enivrées. Sur les battants des portes grises des camaïeux mauves font transparaître d'autres jeunes femmes se jouant.

Pour le salon de réception de la préfecture de Nice, les folies du Carnaval ont servi de prétexte

---

1. C'est le premier en date. C'est à la suite de ces travaux que les amis de Chéret, Bracquemond et Philippe Burty, ont obtenu pour lui la commande destinée à l'Hôtel de Ville.

à des fantaisies lyriques où le poète et l'artiste se sont donné libre carrière. Si pittoresques et séduisants, si ingénieux et amusants que soient les divers sujets de ces panneaux décoratifs, c'est par l'imprévu et l'éclat des coloris, par l'allégresse spirituelle de la nouveauté des accords de tons, qu'ils exercent dans notre souvenir un véritable prestige. Voici, dans un décor de jardin de rêve, la cueillette des fleurs par des jeunes femmes décolletées en toilettes de printemps. Voici, leur faisant pendant, la bataille de fleurs où les mêmes jeunes femmes sur des barques encombrées de guirlandes et de bouquets, dans le port tout pavoisé, se bombardent en riant. Voici encore autour d'une porte, sur un nuage de rêve, l'orchestre de carnaval tonitruant et riant en des costumes charmants, éclatants et bariolés. Voici des danseurs, des danseuses, des enfants et des Pierrots. Une jeune femme, sur un baudet qui galope, rit aux éclats; d'autres brandissent des bannières ou agitent les grelots de marottes bigarrées. C'est, avec ordre et mesure, une charmante bacchanale où tout le monde s'agite, se provoque et nous entraîne d'un mouvement endiablé dans une vaste farandole.

JULES CHÉRET

Les sujets que M. Chéret a représentés sur les murs de la claire salle à manger de M. Maurice Fenaille, dans sa villa de Neuilly, ne se prêtent pas davantage à une description précise[1]. Suivant le caprice d'un mur que percent des arcades se présentent tantôt une jeune femme en robe verte qui fume « la Cigarette », tantôt en costume gris rayé de rose le symbole « du Champagne » ; plus loin, en robe jaune rehaussée de violet, celle qui porte un plateau où fume « la Tasse de thé » ; ailleurs : « les Joueurs de cartes » et la Fortune aux yeux bandés vêtue de jaune avivé de rouge.

Face aux arcades, sur les panneaux à droite et à gauche de la porte qui donne sur un salon, l'un joue de la mandoline, et l'autre agite son éventail. Des groupes de ballerines s'envolent sur des nuages.

Face aux fenêtres, en pleine lumière, un grand

1. Au musée des Arts décoratifs du Louvre, un grand panneau octogonal de Chéret représente une jeune femme en robe jaune jouant de l'éventail. Le sujet est sans intérêt, et c'est délicieux d'esprit et de coloris.

panneau représente « le Déjeuner sur l'herbe ». Sous un ciel gris rose, un pierrot blanc est couché sur l'herbe tout de son long auprès d'une nappe sur laquelle sont placées des victuailles. Polichinelle et Colombines forment un ensemble très chatoyant et très gai.

C'est la première fois que Chéret[1] se risquait à situer sur la terre ferme ses personnages. L'artiste craignait que trop de précision dans le décor de nature ne fût en contradiction avec le caractère fantaisiste de ses visions imaginaires. Ses craintes n'étaient pas fondées.

Avec une parfaite mesure il a su resserrer le lien toujours nécessaire avec la réalité, donner à ses personnages un peu plus de consistance et garder à toute l'œuvre une atmosphère d'irréel.

Dans le plafond en coupole du petit salon de la même villa, sur des nuages bleuâtres, l'artiste a représenté « le Plaisir de peindre » ou « les Charmes de la vie ». Autour d'un chevalet, des colombes se becquètent, tandis qu'une jeune femme, dansant, jette des fleurs dans le ciel, et qu'un Arle-

1. M. Maurice Fenaille n'obtint qu'à force d'insistance que Chéret se livrât à cet essai.

quin, derrière elle, joue en riant de la mandoline.

On pourrait croire — à en juger par ces courtes descriptions[1] — que celui qui étudie l'œuvre de Chéret peut éprouver à la longue une impression de monotonie. Or cela est inexact. Ce qui est important, en effet, dans ces œuvres décoratives ce sont les harmonies de couleurs et elles sont très variées. Les motifs ou les « compositions » ne sont que des prétextes. Elles sont, en général, si simples et naturelles qu'elles ne méritent pas qu'on fasse un effort de mémoire pour se les rappeler. C'est leur mérite essentiel que de ne pas attirer l'attention et, par conséquent, de ne pas fatiguer le spectateur par leur manque de variété. Ces personnages ne sont pas le sujet principal de ces compositions. Ce sont des prétextes. Le véritable sujet c'est, par leur intermédiaire, de suggérer une impression de mouvement, une sensation d'impondérabilité, une petite ivresse visuelle dont les tonalités et les accords de tons forment l'élément essentiel. C'est en ce sens que les peintures décoratives de

---

1. Les deux très jolis panneaux décoratifs de la « Taverne de Paris » traitent les mêmes sujets par d'autres accords de couleur.

M. Chéret ont quelque chose de symbolique. Le sujet réel de l'œuvre n'a qu'un lien éloigné avec le sujet qu'elle représente. Elle vaut par sa puissance de suggestion. C'est une atmosphère qu'on respire, c'est un philtre léger qu'on boit, ce sont des couleurs qui se posent sur le regard comme une caresse et la mémoire se souvient du plaisir qu'on a éprouvé sans qu'on cherche à se préciser à l'occasion de quoi ce plaisir nous a été accordé.

LES TAPISSERIES

On aimera pour les mêmes raisons — si toutefois on est sensible à ce genre de plaisir — les belles tapisseries qui, depuis une douzaine d'années, ont été exécutées à la manufacture des Gobelins ou dans des ateliers privés. A l'exposition d'ensemble que M. Jules Chéret organisa au Pavillon de Marsan, pendant le mois de mai 1912, ces tapisseries étaient nombreuses. Les décrire serait oiseux. Les unes représentaient la Danse, la Comédie, la Musique et la Pantomime. D'autres étaient consacrées aux « Saisons ». Certains car-

JULES CHÉRET

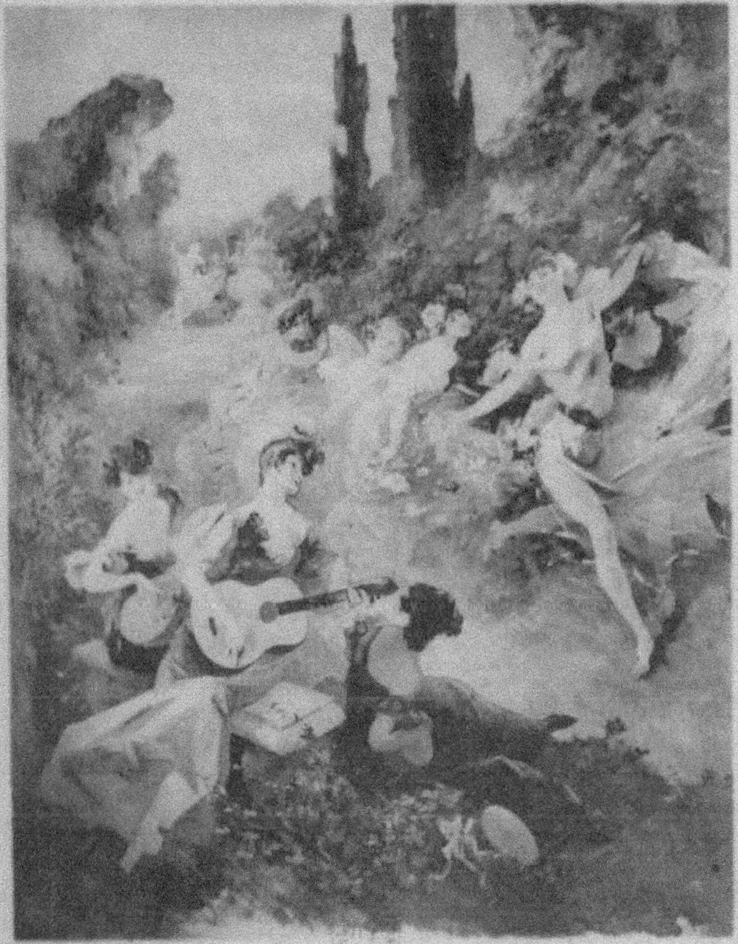

LA DANSE
(CARTON DE TAPISSERIE EXÉCUTÉ POUR M. FENAILLE)

JULES CHÉRET

tons s'inspiraient des roses, des blés, des pampres ou des houx. Chaises, fauteuils ou canapés présentaient sur un fond délicat des bouquets de fleurs ou des motifs inspirés de personnages.

Travailler pour les ouvriers de la manufacture exige de la part du peintre une adaptation progressive à des besoins particuliers. Dans la conception et dans l'exécution du carton il faut savoir choisir des tonalités générales, des tons locaux et aussi des passages de tons susceptibles d'être traduits dans une autre langue — je veux dire par d'autres moyens — sans perdre leur éclat ni leur variété. Il est même nécessaire que le peintre, traduisant mentalement d'avance, à mesure qu'il conçoit et qu'il exécute, permette aux artistes d'utiliser toutes leurs ressources et par conséquent d'enrichir et d'exalter la gamme de couleurs[1]. Il

1. Les blancs sont impossibles en tapisserie. A maintes reprises, notamment dans la nappe du déjeuner sur l'herbe, M. Chéret a tourné la difficulté avec bonheur et avec esprit. Les noirs sont également impossibles. Chéret, par fantaisie, en imposa un dans le pompon d'un chapeau de femme et en a tiré un effet curieux. Les violets — parce qu'ils ne sont pas solides — ont dû être interdits. Cependant, notamment dans les bouquets de fleurs, Chéret donne, par les

faut par conséquent que le peintre ait à la fois le sentiment de la matière dont il se sert pour peindre et de la matière — infiniment plus belle et plus riche — dans laquelle son œuvre sera transposée.

M. Chéret a su s'imposer cette adaptation progressive aux besoins particuliers d'une industrie. La première tapisserie qui ait été tissée [1] d'après

bleus, des impressions de violet et c'est d'une exécution savoureuse. Ses bordures sont généralement gris vert. Elles sont un peu froides, mais l'artiste a essayé non sans bonheur de les réchauffer par le voisinage des roses. Ces gris verts sont des tons très influençables et Chéret en a souvent tiré des partis de plus en plus heureux, notamment dans les passages de tons où l'artiste est passé maître. Il sait choisir des taches qui permettent au tisseur, pour les exécuter, de varier à l'infini ses fils multicolores. Ce don est particulièrement précieux pour les grands espaces vides.

Dans les fauteuils dont les motifs sont des fleurs des champs, les tons sont très rompus, très riches dans leur apparente simplicité. Les fonds sont extrêmement travaillés pour n'être pas monotones. Ce sont des réussites que peu d'artistes auraient pu obtenir.

1. Par l'initiative de M. Jules Guiffrey alors directeur de la Manufacture des Gobelins. Ce fragment appartient aujourd'hui à M. Maurice Fenaille. Il a été exposé en 1900. Il est un peu dur, notamment dans les passages de tons, et permet, par conséquent, de juger des progrès que l'artiste a faits.

l'une de ses compositions lui a révélé les enrichis-
sements possibles d'une technique qu'il sentait
pouvoir s'assimiler aisément et complètement.
Disposer les tons par teintes plates, sans excès de
modelé, diversifier chaque tonalité pour que
l'artisan puisse se servir de l'échelle de tons
presque innombrables que les récents procédés de
teinture mettent aujourd'hui à sa disposition, éviter tout ce qui pourrait paraître noir, réchauffer
tout ce qui pourrait paraître froid, ne laisser aucun vide qui ne puisse devenir un motif à d'heureuses combinaisons de tonalités, ne pas compliquer
le motif, ne jamais perdre de vue l'unité de l'effet,
répartir les taches de façon à ce qu'elles se fassent
valoir l'une par l'autre, voilà — entre autres — des
préoccupations qui doivent être constamment présentes à l'esprit du décorateur.

La manière habituelle de M. Jules Chéret —
avant même qu'il ait jamais songé à la transcription sur le métier — se conformait à la plupart des
exigences du genre. Sa palette était éminemment
claire. Point ou peu d'ombre, et l'illusion du
modelé généralement obtenue presque sans matière
par des oppositions de tons. L'illusion de perspec-

tive est obtenue par des dégradations de tonalités.
Il y a des contrastes perpétuels de tons francs. Un
je ne sais quoi de chaleureux et surtout de précieux
anime toute la gamme des couleurs. Le parti pris
décoratif ne lutte jamais avec la réalité et ne se sert
de la nature qu'à la manière d'un point d'appui.
Le réel n'est qu'un point de départ pour l'envol
vers le rêve.

Il n'est pas chimérique d'espérer que dans ce
domaine M. Jules Chéret puisse encore faire des
progrès, qu'il puisse par exemple concilier plus
intimement le sens de la beauté des formes, l'impression de volume ou de consistance avec la
légèreté aérienne de ses visions poétiques. Son
dessin toujours jaillissant pourrait être un peu plus
rigoureux. Encore faudrait-il que ce ne fût pas au
détriment de la spontanéité [1]. Les harmonies de
tons pourraient être d'un accent plus profond. L'ana-

1. Dans ses tapisseries plus encore que dans ses peintures
on devine quelles limites la nature a assignées aux dons de
Chéret : il ne faut lui demander ni la science des modelés,
ni le sentiment du rôle des ombres dans la nature, ni les
richesses du clair-obscur. Dans ses œuvres tout est lumière
et reflets, un tour de main enveloppe le tout d'une atmosphère aérienne.

logie avec les affiches pourrait être moins sensible.
Et cependant, même les défauts — par une sorte
de prodige — semblent concourir au charme et à la
séduction de ces envolées poétiques. A la minute
même où l'on voudrait distinguer et analyser, on
sent qu'au-dessus de toute critique une qualité
suprême emporte et domine tout : le mouvement
lyrique et le rythme par la couleur.

CONCLUSION

Sans qu'on puisse le comparer avec les grands
peintres ni avec les artistes dans l'œuvre desquels
s'alimente la vie intellectuelle et morale des peuples, Chéret occupe dans notre art contemporain
une place privilégiée. C'est un enchanteur, un créa-
teur d'illusions heureuses. Il nous emporte dans le
paradis chimérique de l'illusion et il nous y entraîne
par des œuvres picturales — dénuées de toute littérature — par des qualités de coloris et de dessin qui
ne visent pas au delà des limites que la nature a
assignées à cet excellent artiste.

Cela est sain, franc, spirituel, léger et délicieux.

Chéret a eu le sentiment du rythme, de la cadence, de l'envol fougueux au delà des réalités terrestres, dans le domaine de la féerie et de l'apothéose parmi les éclairages arbitraires. C'est un monde imaginaire, idéal, charmant, création de l'esprit et de l'imagination. Il a retrouvé à notre époque (où il était nécessaire de les dégager d'intolérables vulgarités) les grâces du XVIII\ siècle. Il a su choisir. Devant les mêmes motifs, d'autres peintres auraient trouvé matière à exprimer des sentiments absolument différents. Et tous auraient eu raison puisqu'ils auraient regardé « selon leur tempérament ».

En Parisien éminemment civilisé Chéret a peint ce qui correspondait le mieux à sa propre sensibilité de citadin souriant. Observateur amusé des coquetteries parisiennes, il a voulu nous faire sourire. Son œuvre est exactement à l'opposé de la peinture noire, de la tristesse des naturalistes, de la bassesse et la vulgarité des observations dites véridiques. C'est le peintre de la Joie. S'il est vrai que ce sentiment ne puisse se comparer ni en profondeur, ni en intensité, aux grands sentiments qui gouvernent toute notre sensibilité, par exemple à la douleur, à la mélancolie, au besoin de mystère, ni à l'aspiration vers un idéal individuel ou collectif, on ne peut nier cependant que l'œuvre de M. Jules Chéret ne forme dans l'immense domaine des arts du dessin une sorte de territoire réservé. Ses découvertes n'ont pas été d'une importance capitale, mais il a été un inventeur et il demeurera inimitable.

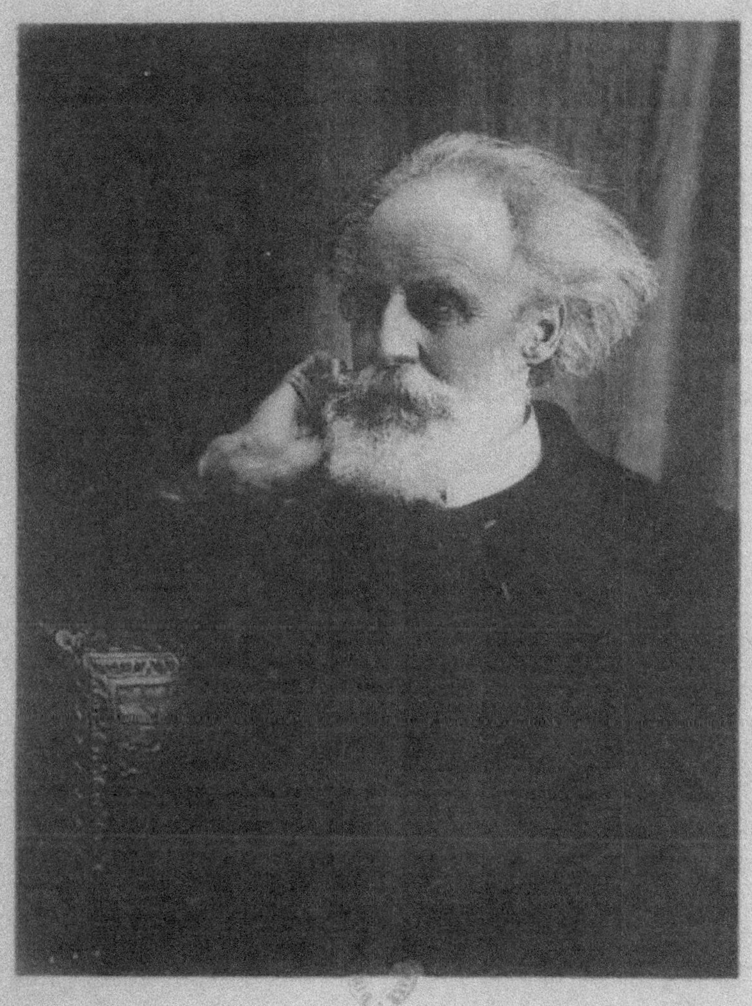

PAUL BAUDOÜIN

PAUL BAUDOÜIN

PAUL BAUDOÜIN

L'évolution de sa carrière nous montre combien notre époque a été peu favorable à la grande décoration et quelles difficultés doit surmonter, même quand il est particulièrement bien doué, un artiste qui a l'ambition légitime de s'égaler aux maîtres du genre.

La carrière de M. Paul Baudoüin est déjà longue. Il a soixante-neuf ans[1]. Ses travaux sont extrêmement nombreux. Depuis vingt-cinq ou trente ans il s'efforce vers le grand style et ce n'est qu'en 1910 qu'il a conçu et exécuté pour la cour intérieure du Petit Palais un ensemble de peintures décoratives qui du jour au lendemain l'a fait passer, aux yeux des amateurs les plus difficiles, de la foule innom-

1. Né à Rouen, le 24 octobre 1844.

brable des peintres exécutant pour les mairies ou les monuments publics des peintures de circonstance, dans la catégorie extrêmement peu nombreuse des artistes qu'on a le droit d'appeler « Grands Décorateurs ».

Deux événements, dans la vie de cet artiste, ont été d'une influence décisive sur l'évolution de sa carrière : d'abord la connaissance qu'il fit en 1874 de Puvis de Chavannes et l'honneur que lui fit ce grand artiste, à partir de 1880, en le conviant à travailler auprès de lui et à l'aider dans l'exécution de ses grands travaux, ensuite le sentiment de curiosité, devenu bientôt une sorte de passion, qui poussa M. Paul Baudoüin à s'intéresser aux procédés techniques des grands fresquistes d'autrefois, à les étudier de près dans les œuvres de la Renaissance italienne, dans les églises de France où il en subsiste des traces [1], et dans les maisons de Pompéi où on les retrouve intactes bien qu'elles datent d'à peu près deux mille ans. M. Paul Baudoüin s'est consacré à la rénovation de ce procédé tombé on ne sait pourquoi en désuétude. Pendant vingt ans il a

[1]. On trouve des traces d'anciennes fresques dans les églises de toutes les régions de la France.

consacré la plus grande partie de sa vie à retrouver les secrets techniques qui ont assuré à ces œuvres l'inaltérabilité. Il a multiplié les essais, les tentatives de toutes sortes. Vers 1895, il a exécuté dans la cour du Lycée de Rouen, en plein midi, une grande peinture à fresque qui, depuis lors, est demeurée intacte. D'innombrables expériences, d'incessantes confrontations avec les œuvres anciennes lui ont démontré ce qu'il y avait de définitif et aussi ce qu'il y avait d'insuffisant dans ses découvertes progressives. Peut-être n'y a-t-il pas d'artiste s'étant consacré à ces recherches avec autant d'ardeur, avec autant d'esprit de suite, avec autant de patience méticuleuse ni de fougue passionnée. M. Paul Baudoüin a reconstitué par expérience la nomenclature des matières colorantes qui sont propres à ce genre de peinture, il a fixé à nouveau en quelles proportions, selon le climat et selon le terrain, doivent être mélangés la chaux et le sable formant l'enduit dont le mur doit être recouvert; il a enfin recueilli d'innombrables observations qui permettront de déterminer comment se comportent telles couleurs et tels ciments en des conditions déterminées d'orientation, d'humidité moyenne du sol, d'intempéries éventuelles, et, en général, de toutes conditions atmosphériques et matérielles susceptibles de déterminer à la longue l'altération des couleurs. Il est permis de croire qu'il a retrouvé tout l'essentiel.

A la suite de ces recherches et de ces travaux M. Paul Baudoüin a été chargé, en 1911, à l'École des Beaux-Arts, d'un cours pratique et facultatif réservé aux élèves qui se destinent à la décoration extérieure. La faveur constante que témoignent à cet enseignement les jeunes gens de l'Ecole des Beaux-Arts est une preuve — entre autres — du grand mouvement qui oriente vers les arts décoratifs une grande partie de la jeunesse artistique.

C'est par cet enseignement que M. Paul Baudoüin s'est trouvé en relations étroites avec l'une des élites de la jeunesse. Sa sincérité, sa modestie, sa science technique et ses qualités de décorateur lui ont mérité de prendre sur les jeunes gens un ascendant considérable. Bien qu'il ne soit ni un professeur de dessin, ni un professeur de peinture, comme il est tout de même un dessinateur et un peintre et que l'enseignement du procédé est intimement lié à l'enseignement du dessin décoratif et du coloris propre à ce genre de peinture, son influence, dans son atelier, s'exerce de plusieurs façons. Il se peut que M. Paul Baudoüin par son énergie, par son obstination, ait restitué à la peinture décorative française un moyen matériel d'exécution dont il semblait que, depuis trois cents ans, presque plus personne en France ne se fût soucié.

C'est un excellent peintre décorateur et c'est le Rénovateur de la peinture à fresque. A ce double titre il mérite de prendre place dans cette série d'études. Peut-être le second de ces titres est-il encore plus important que le premier par les conséquences immédiates ou lointaines que les jeunes artistes d'aujourd'hui et les générations à venir pourront déduire de ses recherches.

**

Dans la carrière de M. Paul Baudoüin, on peut distinguer des périodes distinctes. Examinons d'abord les œuvres antérieures aux recherches concernant la technique de la peinture à fresque.

Ces œuvres sont nombreuses et honorables. Cependant elles ne s'écartent que dans une petite mesure des bons travaux consciencieux qui se trouvent en quantité presque innombrable dans les diverses mairies de Paris ou de province, dans les divers monuments publics ou installations privées.

Par l'étude rapide de quelques-unes de ces Décorations — choisies à titre d'exemple — nous verrons par quelles recherches successives un artiste parvient à se trouver lui-même et comme il lui est difficile de se libérer des leçons et des exemples académiques, de se soustraire aux influences occultes de l'atmosphère où il vit, pour se rattacher enfin aux grandes traditions qui, à toute époque, ne sont comprises et continuées que par un très petit nombre d'artistes. Jusqu'au moment où il s'est découvert lui-même en découvrant progressivement les ressources de la peinture à fresque, Paul Baudoüin n'a été qu'un peintre très honorable.

LA SALLE DES MARIAGES DE SAINT-MAUR-LES-FOSSÉS

Elle est datée de 1886. Cette décoration se compose d'un très grand panneau placé face aux fenêtres, d'un second panneau de dimensions moyennes placé derrière le fauteuil du maire, d'un panneau parallèle divisé en deux sujets par une porte et de deux panneaux tout en hauteur placés à contre-jour entre les fenêtres. Le tout est encadré d'une bordure et il y a encore un plafond que l'artiste était chargé de peindre.

L'espace qu'on lui concédait était de proportions assez harmonieuses, bien éclairé, assez vaste sans l'être trop et se prêtait à une œuvre d'ensemble. Le résultat n'a rien d'extraordinaire.

Examinons d'abord le plafond. S'il est vrai que l'un des caractères essentiels d'une œuvre décorative est d'avoir été conçue et exécutée pour un espace déterminé dont elle ne pourra jamais plus être séparée sans donner une sensation de destruction partielle ou totale, le plafond — par son caractère même — offre un élément décisif d'appréciation. Tous les peintres sont capables d'exécuter — à la dimension — un tableau qui tant bien que mal pourra être maroufié sur un mur et contribuer à la décoration. Il n'y a qu'un décorateur qui pourra concevoir et exécuter la décoration propre à un plafond. Quand l'idée picturale et l'exécution n'ont pas jailli en même temps de l'imagination du peintre et de son cœur, il semble que le plafond proclame avec une telle évidence l'impuissance ou l'insuffisance de l'artiste que personne ne peut s'y tromper. Les spectateurs les plus ignorants se trouvent d'accord avec les juges les plus compétents. Les mêmes mots affleurent à toutes les bouches : ce n'est pas de la décoration.

Dans cette salle des mariages de la mairie de Saint-Maur le plafond est d'une extrême pauvreté. L'idée est puérile. L'exécution est sans intérêt. Voici l'idée : M. Paul Baudoüin a imaginé de tendre sur un ciel bleu un vaste voile bleu bordé d'or et piqué d'étoiles d'or. Quant à l'exécution elle est extrêmement sommaire et d'une extrême monotonie. Le bleu du ciel est très dur et parfaitement uniforme. Le bleu du velum est presque aussi dur et aussi peu varié. La bordure d'or aurait pu être exécutée par n'importe quel artisan.

Sur le contour de ce plafond court une guirlande de feuilles de vignes qui portent des fruits. Un treillage en losanges n'ajoute à cette guirlande aucune variété. Cela est aussi pauvre d'idée que de coloris.

Si l'on songe que c'est précisément dans une

décoration de plafond que — vingt-cinq ans après — M. Paul Baudoüin devait réussir son chef-d'œuvre, on restera presque confondu qu'il puisse y avoir une telle distance entre le point de départ et le point d'arrivée.

Voilà donc où en était — à quarante-deux ans — l'artiste consciencieux et laborieux qui avait appris de ses maîtres, à l'École des Beaux-Arts, à peu près tout ce qu'on peut apprendre ! Ces débuts peu éclatants semblent suggérer aux critiques une leçon d'indulgence. Ne décourageons personne. Qui aurait pu prévoir — devant les essais de Puvis de Chavannes qui se prolongèrent si longtemps — le rayonnant artiste qu'il allait devenir ? Pour un artiste comme M. Maurice Denis qui découvre tout de suite son originalité, combien d'autres passeront par de longues périodes d'imitation et de tâtonnements !

Pour les artistes décorateurs qui avaient vingt ans vers 1870 la période d'essai a été particulièrement défavorable. On a dit à juste titre que l'architecture était toujours le miroir des mœurs et du caractère d'une époque. La peinture décorative est trop étroitement liée à l'art de construire pour ne pas refléter aussi la magnificence ou la médiocrité de l'heure. Que l'on se reporte à l'immense majorité des œuvres décoratives exécutées vers 1885, on sera confondu de leur médiocrité. Besnard n'avait pas encore exposé ses panneaux de l'école de Pharmacie. Puvis de Chavannes était encore un méconnu. Personne encore ou à peu près personne ne s'était avisé de reconnaître en lui le Rénovateur de la peinture murale.

Du moins à cette date M. Paul Baudoüin se préparait-il à son rôle futur en travaillant consciencieusement. Il y a de grandes qualités dans les plus grands des panneaux de cette salle de mariages. Elle est divisée en deux parties : d'un côté, à notre droite, « la vie laborieuse » qui nous montre des ouvriers, le torse nu ou recouvert d'une chemise de couleur, déplaçant d'énormes blocs de pierre destinés à une construction, de l'autre côté, à notre gauche, « la vie familiale » qui nous montre, au seuil de leur petite maison, la jeune mère debout avec son enfant dans les bras, une jeune fille assise sur un petit mur et un couple d'adolescents se jouant parmi les fleurs. Les deux groupes se détachent sur un fond de paysage où se distingue une petite rivière, des collines peu lointaines et un ciel gris blanc pénétré de bleu.

C'est bien composé dans le sens scolaire de ce mot. Le dessin est correct mais sans trouvailles. Le coloris est agréable mais sans accent particulier. C'est assez bien peint puisque cela n'a pas noirci. On sent le bon élève de l'École des Beaux-Arts[1]. Ces fleurs sont sans individualité, sans élégance ni éclat, pas assez stylisées, presque décalquées sur nature.

Les autres panneaux ont les mêmes qualités moyennes et la même absence de défauts caractéristiques. L'un représente, auprès d'un puits, un jeune forgeron qui tend la main à une jeune fille qui consent à devenir sa femme. L'autre représente, d'un côté, une femme en deuil auprès d'un berceau, regardant le départ pour la guerre d'un bataillon de fantassins, et de l'autre côté, auprès d'un canon, des

1. En 1862, M. Baudoüin était entré à l'École des Beaux-Arts dans l'atelier de Gleyre. Son premier essai, au salon, qui représentait une « Pêcheuse de crevettes », est de 1867. En 1869 il obtint de M. de Nieuverkerke, par l'intermédiaire du général de Palikao, mission d'aller exécuter une copie à Florence. En 1874 il entre à l'atelier de Puvis de Chavannes.

soldats farouches, les poings crispés, qui regardent
vers la frontière. Tout cela est fort honorable
mais scolaire, d'une précision un peu sèche, sans
arabesque décorative ni désir de synthèse architecturale. On dit : C'est très bien, et on n'y pense plus
jamais. C'est le travail d'un bon élève. M. Baudouin avait admiré de Neuville. Il avait regardé
aussi Jules Breton.

Quant à la bordure « décorative » qui se compose de feuilles de chêne entrelacées de rubans
d'or sur fond bleu et encadrées par deux gros traits
d'or courant parallèles sur toute la longueur du
mur, elle est pauvre et insignifiante. Elle ne révèle
à aucun degré le sens décoratif. Il en est de même
pour les panneaux en hauteur à contre-jour qui,
dans les angles, représentent des entrelacements
de verdure. Ils n'ont aucun style.

LA SALLE D'ÉTUDES DE L'ÉCOLE DOMBASLE

Commencée en 1879 et terminée en 1882, cette
décoration représente « l'Histoire du pain » et se
déroule harmonieusement sur trois des côtés d'une

grande salle rectangulaire, le quatrième étant percé
de grandes fenêtres.

Sur le grand mur face aux fenêtres, M. Paul
Baudoüin a divisé son espace en trois sujets reliés
par l'unité du paysage et des colorations. A notre
gauche « le labour », au milieu « les semailles », à
notre droite « le hersage ». Jeunes paysans, jeune
fille qui verse le sac de semences dans le tablier
de son père, chevaux attelés par groupes et ins-
truments aratoires, tout cela est composé avec
beaucoup d'ordre, beaucoup de clarté et il s'y
révèle un désir de noblesse et de transfiguration.

Le grand panneau représente, divisé en deux
parties par une jeune mère assise contre des gerbes
de blé avec un enfant dans les bras et un garçonnet auprès d'elle, des groupes de paysans qui
fauchent ou se reposent. Les attitudes sont obser-
vées avec soin. Peut-être même cette observation
est-elle parfois trop exacte. Il y a notamment un
jeune paysan qui pèse avec le genou sur le manche
de sa fourche pour faire levier et soulever plus
facilement le poids des lourdes gerbes. Ce mouvement est, paraît-il, habituel aux paysans picards.
Peut-être cependant un choix plus affiné entre ce

qui est permanent et ce qui demeure accidentel eût-il éliminé cette observation de détail.

L'élimination des détails inutiles pour parvenir au style ! M. Paul Baudoüin n'avait pas encore appris l'art des sacrifices. Autour de son « Labour » il y a trop de corbeaux, pittoresque facile, et dans son fond de paysage maritime une ou deux petites voiles triangulaires ne sont pas sans quelque mesquinerie. L'artiste avait encore une tendance à voir les choses par le petit côté. Les mouvements de ses personnages ont quelque chose d'instantané et la grande leçon qui peut se dégager de tous les grands spectacles de la nature en est amoindrie.

Ajoutez, pour terminer « l'histoire du blé », un panneau représentant le batteur de blé avec son fléau, un autre qui représente des femmes en train de vanner et un troisième panneau, également en hauteur, nous montre des ouvriers boulangers au moment où ils enfournent le pain.

L'ensemble est par conséquent ordonné d'une manière un peu trop symétrique mais non sans clarté ni sans élégance. Le groupe de la Moisson est le plus complet et le moins dénué d'accent personnel. L'ensemble a une certaine noblesse. Le

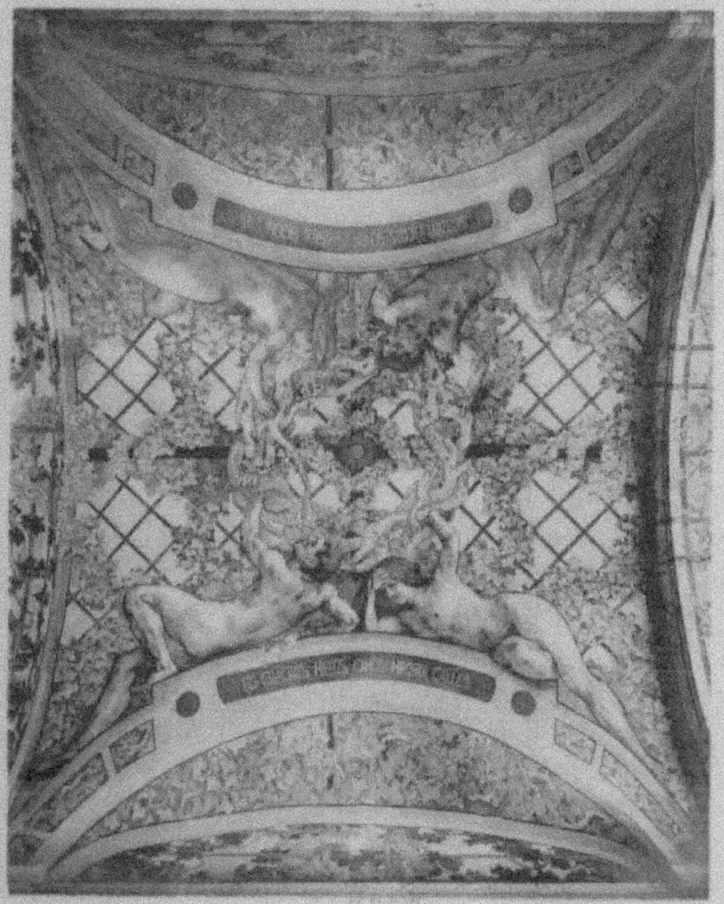

Cliché D. Freuler

L'HIVER

coloris est assez brillant bien qu'un peu dispersé et dans les notes sourdes. Il n'y a ni synthèse générale, ni lyrisme, ni grandeur vraie. Le sentiment de la nature que reflètent ces peintures n'a rien de particulièrement exaltant. C'est la vision d'un brave homme et qui peint avec beaucoup d'ordre et de simplicité des scènes de la vie rustique. Ne cherchons pas dans ces peintures la grande arabesque décorative qui rassemble tous les personnages et le paysage dans une vision unique et qui précise la leçon générale que suggère par exemple « le Soir » ou « l'Été de la vie »[1] de Besnard. C'est plein de talent. Il y a des coins charmants. On peut citer par exemple : « la Maternité » ou encore la figure de jeune fille versant les semences dans le tablier de son père. Il n'y a ni fougue ni emportement, à plus forte raison n'y a-t-il pas de génie.

Ajoutons que la bordure « décorative » qui entoure ces compositions est aussi pauvre que celle de Saint-Maur-les-Fossés et que les deux bandes rouges qui délimitent cette bordure sont d'un coloris rudimentaire.

1. A la mairie du Ier arrondissement.

Il serait sans intérêt de vouloir étudier une à
une les autres œuvres décoratives de cet artiste. La
ville de Rouen en possède cinq ou six. Il y en a
d'autres, disséminées en divers lieux et dont on trouvera la liste à la fin de ce volume. Si on le suivait pas à pas, on pourrait noter presque d'année
en année les progrès [1], le perfectionnement de sa
méthode et l'affinement de sa vision. Mieux vaut
en arriver tout de suite à son chef-d'œuvre, à la
décoration du plafond en forme de voûte de la
cour intérieure du Petit-Palais.

[1]. A la mairie du X⁰ arrondissement à Paris les progrès
sont déjà sensibles. Le canal Saint-Martin avec ses cha-
lands porteurs de fruits est daté de 1906. Si l'on met à
part le panneau d'Henri Martin, c'est de beaucoup la meilleure des œuvres qui sont marouflées sur les murs de cette
mairie. Cependant c'est encore une peinture à l'huile, et
M. Paul Baudoüin, pour donner toute sa mesure, avait besoin
d'être stimulé et comme emporté par la pratique matérielle
de la fresque.

PAUL BAUDOÜIN

L'espace à couvrir se composait de neuf cents mètres carrés de surface convexe divisés en quatre voûtes en longueur par quatre coupoles surbaissées. Un mur semi-circulaire borne d'un côté cette galerie. L'autre côté donne sur le jardin intérieur. Cette décoration est donc protégée en partie contre les intempéries, mais elle est aussi en partie exposée à toutes les variations de température, puisque c'est une galerie ouverte. C'est à peu près la disposition des fameuses loges de Raphaël au palais du Vatican. Tout le monde sait que, malgré la douceur relative du climat romain et malgré la perfection supposée des procédés techniques de Raphaël, ces fresques illustres sont allées se détériorant au cours des siècles, et qu'il a paru indispensable, pour les protéger, de fermer cette galerie par des châssis vitrés du côté de la cour Saint-Damase.

L'ambition de M. Paul Baudoüin est d'avoir retrouvé des procédés de peinture à ce point inaltérables que l'éventualité d'une clôture vitrée doive être à jamais écartée malgré les pluies abondantes et l'humidité presque constante du climat parisien[1].

Du point de vue décoratif le parti pris adopté par M. Baudoüin est à peu près irréprochable. Il a choisi une idée très simple et très générale : la représentation des *Saisons* considérées comme les symboles des âges principaux de la terre, et il a voulu exprimer les émotions intellectuelles et plastiques que cette idée lui suggérait par un surgissement de belles formes et par de beaux accords de couleur. Dans une certaine mesure il a voulu être un philosophe, dans toute l'acception du terme il a voulu être un peintre et un décorateur.

Afin que ses idées sur la formation et la transformation du cosmos fussent très claires mais non dénuées d'un certain symbolisme, il a considéré les quatre coupoles comme quatre points de repos qui n'interrompent pas le cours des saisons, et il a représenté : l'Hiver ou la Période de souffrance,

1. Les bleus sont pour le fresquiste les couleurs les plus dangereuses. Peut-être le lapis-lazuli — qui coûte fort cher — est-il indispensable. Dans la décoration du Petit-Palais certains bleus paraissent avoir pâli.

le Printemps ou l'Éveil de la nature, l'Été ou l'Hymne au Bonheur, l'Automme ou le Repos magnifique de la terre.

La galerie étant semi-circulaire, cette division suggère la pensée que le cycle se continue dans l'inconnu et que peut-être à travers les âges tout se détruit pour se recommencer indéfiniment. Qui sait si notre planète — sous l'influence de causes que nous ignorons — ne connaîtra pas de nouveau le refroidissement et la mort totale pour, en les âges futurs, s'éveiller à nouveau sous la caresse d'un autre soleil et recommencer un cycle de jeunesse progressive et de lente décrépitude... Il est bon que l'idée d'une peinture décorative ait cette universalité et que la façon dont elle est traduite garde assez d'ampleur et de généralité pour laisser à l'imagination des spectateurs l'occasion de se jouer au delà des « sujets » délimités par le dessin avec plus ou moins de précision.

Si l'on compare l'ampleur et la beauté simple de cette idée générale aux sujets dont la signification est à peu près strictement limitée au sens précis de l'action qu'ils représentent[1] on

1. Par exemple dans la salle des mariages d'Arcueil-

sent tout ce que M. Paul Baudoüin a gagné dans
la fréquentation de l'auteur du « Bois Sacré », c'est-
à-dire de l'artiste dont les idées décoratives ont été
les plus hautes et les plus noblement éducatrices.
On sent aussi le profit qu'il a retiré de la contemplation des grandes compositions murales de l'amphithéâtre de chimie à la Sorbonne ou du portique
de l'Ecole de Pharmacie.

Dans l'intervalle de ces quatre coupoles circu-
laires, M. Paul Baudoüin a imaginé des peintures
représentatives des stades successifs de l'évolution des saisons et du monde. Après les figures
drapées, rassemblées et comme recroquevillées sur
elles-mêmes, Nornes immobiles sous un ciel que
n'éclairent point les étoiles, l'artiste a représenté
l'Espoir sous la forme d'une figure nue, debout, qui
baise une fleur; puis la période des pluies dans une
gamme de gris, de verts et de cheveux fauves envo-
lés comme des queues de comète sous un arc-en-
ciel orageux; ensuite la période des nébuleuses,
monde en formation que symbolisent parmi des
nuages pénétrés d'eau irisée des figures nues tour-

Cachan et à peu près dans toutes les compositions antérieures de M. Baudoüin.

noyantes. Entre ces divers sujets on reconnaît —
se succédant — des animaux qui font penser aux
signes du zodiaque.

Dans la coupole du Printemps, les figures nues
entrelacent des guirlandes de fleurs nouvelles
sous un ciel très bleu. Elles représentent la vie
heureuse qui commence. Des jeunes gens et
leurs chevaux représentent ensuite les joies de
la vie et nous mènent à la coupole des grandes
figures nues de l'Eté qu'entourent des gerbes de
blé.

On reconnaît plus loin la personnification de la
maturité, jeune mère allaitant son nouveau-né,
puis de jeunes Bacchantes nues dansant sur le pres-
soir parmi les pampres sous un ciel violacé ; ensuite
« la mélancolie » où sur un ciel bleu des figures
féminines nues et presque michel-angelesques —
du moins par les attitudes et le désir de grandeur
— semblent lasses ou angoissées, enfin l'Hymne à
la vie où, sous un ciel sombre, deux figures drapées
passent en volant, leur lyre à la main, tandis qu'un
vieillard assis les regarde et qu'un couple d'adolescents nus échangent des fleurs. Éternelle vision
de l'humanité où la joie lyrique de la jeunesse et

de l'amour se tempère par la présence de ceux qui s'inclinent vers la tombe.

Dans chacune des trois travées la décoration se compose donc de quatre grands sujets ronds à plusieurs personnages, de trois figures isolées debout et de six représentations d'animaux qui varient, selon les saisons, de l'ours polaire à l'aigle ou au taureau. Ajoutez, dans chaque travée, six groupes nus assis sur la frise et représentant « les occupations des mois ». L'ensemble de la composition mène le spectateur de la vie rudimentaire à la jeunesse et à la maturité, elle le conduit par conséquent de la Douleur à la Joie, puis à la Mélancolie automnale. Cette suite de peintures a par conséquent plusieurs sens selon qu'on la considère de l'un ou de l'autre des divers points de vue qu'elle comporte. On devine, à ces indications, l'ampleur et la variété de la conception générale.

Du point de vue pictural la richesse n'est pas moins grande. M. Paul Baudouin s'est bien gardé de restreindre ses sujets à des actions isolées et particulières. Il a fait surgir de belles formes dont chacun peut interpréter le sens particulier selon ses propres qualités d'esprit et les a fait se jouer

PAUL BAUDOÜIN

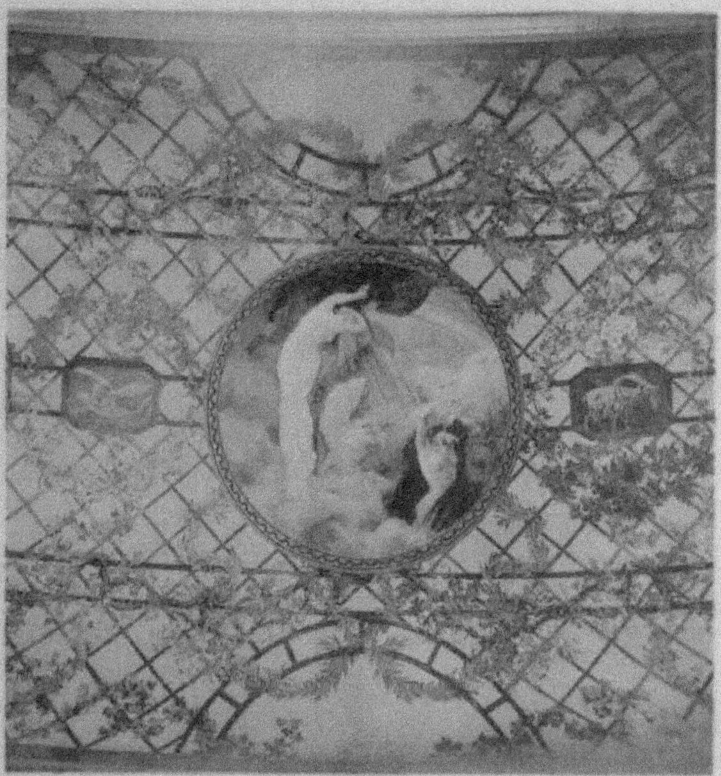

Cliché D. Freuler

PLUVIOSE

avec aisance dans une gamme de couleurs chaleureuses et sobres.

Ajoutons enfin que pour les relier entre elles et rendre plus sensibles à tous l'unité de composition il a imaginé un vaste réseau de treillages en bois vert d'où retombent selon les saisons des verdures, des fleurs, des fruits ou des grappes.

L'exécution est digne de la composition. Elle est sobre et riche, harmonieuse et parfois puissante, jamais vulgaire, souvent gracieuse, toujours dénuée de petitesse ou de mesquinerie. Certains morceaux, comme « Brumaire » ou comme « Ventôse » sont en eux-mêmes presque des chefs-d'œuvre.

Dans la beauté puissante et sobre de quelques-unes de ces figures nues, on reconnaît l'influence heureuse de l'enseignement de Puvis de Chavannes, dans certains accords de couleur et notamment dans les fauves ou les roux on reconnaît que Besnard a précédé M. Baudoüin, mais l'œuvre dans son ensemble est originale, vigoureuse, très personnelle et elle comporte une leçon éducatrice.

Il n'est certes pas possible de mettre sur le même rang l'œuvre de M. Baudoüin et celle de Puvis de Chavannes ni même de Besnard. Il ne peut leur

être comparé ni par l'ampleur du dessin, ni par la
puissance de l'invention, ni par la profondeur du
symbole, ni par les trouvailles de coloris. Cependant il est leur continuateur, leur émule, et il est
à peu près le seul parmi nos contemporains, qui
supporte sans trop faiblir d'aussi écrasantes comparaisons.

Presque seul parmi nos artistes vivants il a osé
se mesurer avec les grands sujets et tendre vers
le grand style. Son œuvre est éminemment décorative. M. Paul Baudouin s'est soumis aux règles
éternelles de son art. Il a accepté de servir l'architecte et de collaborer à son œuvre. Il a bien voulu
se laisser inspirer par le maître de l'œuvre. Il a été
modeste, insoucieux d'attirer exagérément l'attention. Il n'a eu l'heureuse ambition que de vouloir
exprimer dans un langage très pur, par des lignes,
des couleurs et des symboles, des pensées très éle-
vées, très nobles et très humaines. Depuis Puvis
de Chavannes et Besnard aucun n'avait exécuté
une œuvre de cette importance par des moyens si
simples et si riches, nul n'avait eu cette noblesse
d'inspiration, cette délicatesse et cette richesse
dans l'invention, cette harmonie de couleur et cette

grandeur dans l'exécution. Pas de peinture qui soit plus éloignée de l'anecdote, du brillant factice et de la prétention. L'artiste a travaillé pendant des années silencieusement, modestement, d'accord avec le rythme de son propre cœur, avec le rythme de l'édifice et avec le rythme de l'œuvre en travail. On sent en lui un artiste sincère, admirablement doué, joyeux d'exprimer par de belles formes les élans de son imagination, son opinion philosophique sur le monde et sa tendresse communicative. Comme il lui a fallu longtemps pour se découvrir lui-même ! Du moins cette œuvre récente est-elle d'une jeunesse émouvante, d'une magnificence heureuse et d'une grâce délicate.

***

Or il est à remarquer que M. Paul Baudoüin, qui fut un décorateur honorable aussi longtemps qu'il travailla dans son atelier devant de vastes toiles blanches destinées à être marouflées sur des murailles, ne s'est révélé grand décorateur que lorsqu'il a osé — connaissant enfin toutes les ressources du fresquiste — travailler directement sur le mur, malaxer lui-même la chaux et le sable destinés à revêtir l'espace à décorer, brasser lui-même en des récipients les couleurs primordiales dont il allait se servir et mêler directement à l'enduit encore frais qu'il composait chaque matin les matières colorantes dont le revêtement du mur allait s'imprégner pour toujours.

La nécessité de travailler rapidement, du premier coup, sans retouche possible, a été pour lui un stimulant excitateur de toute la sensibilité.

Cet exemple comporte une leçon et cette leçon se trouve d'accord avec les enseignements de l'Histoire et avec les aspirations encore assez confuses des artistes qui se consacrent aujourd'hui à la décoration murale.

L'avantage infiniment précieux de ce procédé particulier de peinture, c'est de mettre l'artiste en contact personnel avec la muraille qu'il s'agit de décorer et de le forcer pour ainsi dire à concevoir et à exécuter sa décoration en accord avec l'édifice.

En travaillant dans leur atelier sur des toiles « à la dimension », les artistes perdent trop souvent le contact avec l'édifice. Leurs décorations deviennent

« des ornements » et ce sont presque toujours des ornements superflus.

Or si toutes les révolutions en art ont toujours eu et auront toujours pour point de départ nécessaire le retour à la nature, de même l'art décoratif français ne connaîtra une nouvelle Renaissance qu'en prenant pour point d'appui l'édifice lui-même. L'artiste ne retrouvera la grande tradition des décorateurs d'autrefois qu'en reprenant contact avec la muraille, en se subordonnant au mur, à tous ses caprices, à toutes ses irrégularités, à ses convexités et à ses saillies, à ses lumières et à ses ombres, à ses déploîements en surface plane et à ses retours — parfois perfides — en voussures et en plafond.

Importante par elle-même, l'œuvre de Paul Baudoüin est encore plus importante par l'exemple qu'elle propose. Par ses recherches progressives, par ses expériences innombrables, par son enseignement méthodique et par sa décoration de la cour du Petit-Palais, peut-être méritera-t-il dans l'histoire de l'art français le nom entre tous honorable de « Rénovateur du procédé à fresque ».

L'ENSEIGNEMENT DE M. BAUDOÜIN

Pourquoi ce genre de peinture fut peu à peu supplanté par la toile marouflée sur les surfaces murales, c'est un problème qu'il serait difficile d'élucider. Peut-être cela résulte-t-il tout simplement de l'ignorance où se trouvaient la plupart des peintres des procédés matériels qu'implique ce genre de décoration. C'est pourquoi quelques artistes et écrivains d'art [1] ont obtenu qu'un enseignement pratique de la fresque fût organisé à l'Ecole des Beaux-Arts. Les raisons qu'ils ont fait valoir étaient d'ordre historique et d'ordre actuel.

Il est superflu de rappeler les services éminents que ce procédé de peinture a rendus, de tout temps, aux peintres décorateurs. En Égypte, en

---

1. Peut-être mes articles au journal *Le Temps* ont-ils en leur temps contribué efficacement à préciser ces aspirations.

Grèce, dans l'Italie antique, dans l'Italie du Moyen Age et de la Renaissance, en Allemagne, en France [1], on peut dire que partout ce procédé a été employé par les plus grands artistes et leur a donné l'occasion de produire des chefs-d'œuvre.

Ce procédé est éminemment décoratif. Il force l'artiste à travailler pour un espace déterminé. Quand on travaille à fresque, il faut que l'œuvre se fonde dans le monument dont elle devient partie intégrante. Il faut, par conséquent, que l'artiste se soumette au style de l'édifice, à son rythme, à ses proportions, à sa destination et à son atmosphère spéciale.

Les fragments de fresques antiques retrouvés intacts et d'une fraîcheur de coloris étonnante, les fresques du Moyen Age et celles de la Renaissance attestent que ce procédé peut et doit être inaltérable. Il résiste aux injures du temps, et, dans une grande mesure, aux intempéries. Des peintures à fresque nous ont été conservées en des pays et en des circonstances qui n'auraient point permis à

1. On peut citer Avignon, Dijon, Brinay, et maintes autres découvertes relativement récentes de fresques des xve et xvie siècles.

des peintures sur toile de parvenir jusqu'à nous.
L'immutabilité qu'implique ce procédé a été dans
beaucoup de cas une garantie contre les pillages ou
les dégradations. Faites pour les monuments, les
fresques ont partagé le sort des monuments. Elles
ont par conséquent subsisté dans un grand nombre
de cas pour porter témoignage d'une époque devant
les générations lointaines.

Cet excellent procédé était tombé en désuétude.
Peut-être serait-il injuste de prétendre qu'il ait été
entièrement abandonné[1]. Mais en ces dernières
années, les artistes qui avaient voulu revenir à la
peinture à fresque avaient toujours fait leur œuvre
isolément. Ils avaient fait eux-mêmes leur éducation. Quand ils sont morts, ils ont emporté avec
eux dans la tombe ce qu'ils avaient pu retrouver
de l'ancienne tradition et ce qu'ils avaient pu y
ajouter d'invention personnelle et de don particulier.

Le nom de M. Mottez est, à cet égard, caracté-

1. On doit citer notamment la fresque de M. d'Espouy
placée à contre-jour au-dessus de la porte d'entrée dans
l'intérieur du Panthéon. La « Chambre funéraire » exécutée
à fresque par M. René Piot date d'une dizaine d'années. Les
récents travaux de M. Barberie à Tarbes ont été importants.

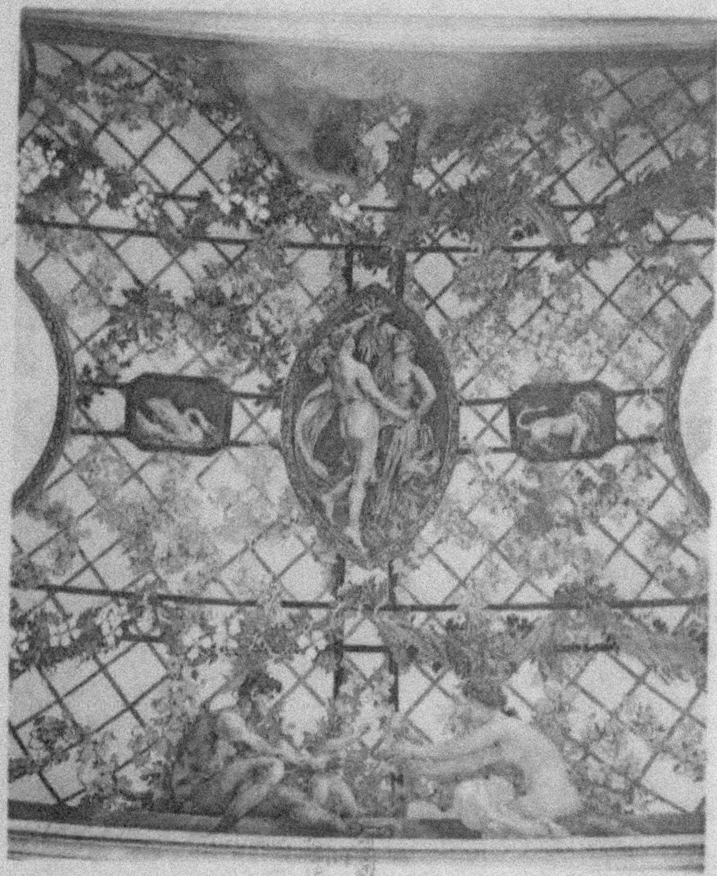

Cliché D. Freuler

LES HEURES

ristique. Il aimait la fresque. Il consacra une
partie de sa vie à en retrouver les secrets. Cependant il n'évita point des fautes capitales. Ses
fresques du porche de Saint-Germain-l'Auxerrois,
peu de temps après leur exécution, commençaient
à se détruire. Elles sont aujourd'hui en ruine.
Leur délabrement atteste qu'il y a des précautions
à prendre et des fautes à éviter. S'il avait pu les
recommencer, sans doute Mottez les eût-il faites
inaltérables; mais il est mort sans avoir laissé
d'élèves, et son expérience a été perdue pour tout le
monde comme avait été perdu le fruit de ses
recherches et de ses travaux.

Il y avait donc lieu de renouer la tradition, et il
était nécessaire qu'un cours de fresque fût professé par un homme d'expérience, ayant consacré à
la pratique de ce procédé une grande partie de sa
vie et susceptible de faire connaître les résultats
de ses méthodes en même temps qu'il ferait son
profit des trouvailles faites par d'autres si on les
lui proposait. Les jeunes gens bénéficient ainsi des
recherches de leurs aînés.

Il n'est pas vrai de dire que le procédé est
simple, qu'il peut s'apprendre en quelques heures.

On pourra citer le passage célèbre où Vasari raconte que Michel-Ange ayant accepté les travaux de la Sixtine et ne connaissant rien des procédés à fresque fit venir des spécialistes florentins, leur fit expliquer comment ils procédaient et, au bout de huit jours, les renvoya dans leur patrie pour s'enfermer, farouche, dans la chapelle et travailler seul. Mais ce serait une illusion que de croire à la possibilité, pour chacun, de suivre l'exemple du maître. Michel-Ange avait du génie. On peut ajouter qu'à l'époque où il travaillait le procédé était dans l'air. Michel-Ange en avait entendu parler toute sa vie. Il l'avait vu pratiquer par ses amis ou ses émules. Il savait d'avance les précautions à prendre et les fautes à éviter. Il n'avait plus besoin que de mettre la main à l'œuvre. Ajoutons d'ailleurs que son inexpérience lui valut de graves déceptions et que Vasari nous raconte aussi comment il eut à recommencer des surfaces tout à coup tombées et à retoucher d'autres parties moisies ou décolorées. Ajoutons que l'état actuel de l'œuvre laisse beaucoup à désirer.

Le procédé n'est donc pas aussi commode qu'il le paraît. Il exige un long apprentissage. Il faut d'abord être un maçon. Il faut ensuite être un artiste.

Il n'est même pas inutile d'avoir des notions précises sur la composition chimique des murs que l'on a la charge de décorer, sur la nature du sol dans lequel s'enfoncent les fondations, sur les réactions diverses que l'on est en droit d'espérer ou de redouter selon que le terrain est humide ou sec, selon que le salpêtre se décèle ou non, selon que le mur est formé de moellons, de briques ou de tous autres éléments.

*
* *

Le choix des couleurs, leur composition chimique, les réactions qu'elles sont susceptibles de manifester selon les climats, selon les cas, selon les façons dont elles sont préparées, selon leur nature propre et selon, aussi, les mélanges dont elles peuvent être l'objet, ne sont pas non plus chose indifférente.

L'expérience, en ces matières, est la souveraine maîtresse de vérité ou d'erreur. Mais l'expérience exige de la continuité. Et c'est précisément cette continuité qui pourra être assurée par l'enseignement pratique de M. Baudoüin et de ses successeurs.

Ce cours est essentiellement technique. Il exige par conséquent un enseignement pratique. Il ne rend aux jeunes gens de l'École des Beaux-Arts de grands services que parce qu'il est professé de la manière la plus spéciale et la plus professionnelle. Le professeur est à pied d'œuvre, mélange lui-même la chaux et le sable, il enseigne les propriétés — heureuses ou non — du mélange qu'il pratique, il envisage en quel cas ce mélange doit être fait selon telles proportions et en quels cas ces proportions doivent être modifiées.

Ce cours ne fait donc double emploi avec aucun de ceux qui existaient déjà. Travailler la matière pour façonner l'enduit, calculer son degré d'humidité, choisir les couleurs, savoir comment elles se comporteront en telles ou telles circonstances atmosphériques et comment elles réagiront les unes sur les autres, tel est, pour son essentiel, l'objet de ce cours. Affiner et développer le sens décoratif, tel en est aussi le résultat.

L'intérêt individuel des jeunes gens se trouvera, d'ici peu, d'accord avec les intérêts de l'art français.

Il y a, dans le midi de la France, un certain nombre de travaux qui ont toujours été exécutés à fresque et qui sont actuellement réservés à des artisans italiens qui arrivent en groupe, chaque année, et qui exécutent ces travaux sans même essayer de faire œuvre d'artiste. Décoration de plafonds, de porches, de vérandas et de pergolas, décoration de façades et de portiques, cours intérieures couvertes ou non, il y a pour nos artistes de très nombreuses occasions d'exercer leur talent.

Les commandes de peinture à fresque peuvent devenir importantes même à Paris. Qu'il s'agisse d'édifices publics ou d'édifices privés, les architectes et même les particuliers ont une tendance aujourd'hui manifeste à préférer ce procédé. Plusieurs façades de maisons, à Paris et en province, ont été décorées à fresques par M. Baudoüin. On devine quel avenir illimité s'ouvrirait devant les fresquistes si ce genre de décoration se multipliait peu à peu [1], ne fût-ce qu'à Paris ou dans les provinces méridionales...

Il se peut que M. Paul Baudoüin, par ses re-

1. M. Paul Baudoüin a décoré à fresque dans sa Normandie natale toute une chapelle.

cherches de trente ou quarante années, son obstination et ses exemples, ait rendu à notre art décoratif un service inappréciable. Il a eu l'honneur de
retrouver et d'enseigner les antiques procédés dont
Léonard de Vinci et Cellini enseignèrent les secrets dans leurs livres. En corollaire de son enseignement et comme preuve d'efficacité il laisse
un chef-d'œuvre. Ce sont deux titres dont il y a
peu d'artistes vivants qui puissent s'enorgueillir.

FIN DU PREMIER VOLUME

ALBERT BESNARD

ŒUVRES DÉCORATIVES

1869 — *La procession de Vauhallan* exécutée à vingt ans pour la petite église de Vauhallan, près Orsay, en Seine-et-Oise.

1881 — Décoration pour une petite église protestante du comté de Stafford, en Angleterre. Elle se compose d'un panneau, *Jésus et la Samaritaine*, dont le carton a été exposé en 1910 au Pavillon de Marsan (aujourd'hui au Musée de Lyon) et de l'*Ascension*, très grande composition avec les douze apôtres plus grands que nature, placée au-dessus du jubé.

1882 — L'artiste reçoit sa première commande : cinq grands panneaux pour le portique de l'École de Pharmacie.

Salon de 1884 — *La Maladie* (exécutée à Londres en 1888). *La Convalescence* (exécutée à Paris).

1885 — *La Cueillette des simples.* *Le Traitement des simples.* *Le Laboratoire.*

Salon de 1887 — *Le Soir de la vie*, pour la mairie du
  1ᵉʳ arrondissement. La décoration se compose en
  outre de deux autres grands panneaux : l'*Été* et
  le *Printemps de la vie*.

1888 — L'artiste termine la décoration du portique de
  l'École de Pharmacie par quatre grands panneaux : la *Botanique*, la *Géologie*, la *Chimie*, la
  Physique, et une série de six petits panneaux intermédiaires, parmi lesquels l'*Homme Moderne* et
  l'*Homme Primitif*.

1891 — Plafond de l'Hôtel de Ville dit plafond des Sciences.

1894 — *Plafond des neiges*, chez Bing, aujourd'hui Majo-
  relle, rue de Provence, à Paris.

1895 — Amphithéâtre de Chimie organique à la Sorbonne.

1896 — *Plafond des Idées* exécuté pour un amateur, en même
  temps que deux panneaux : *Pensée* et *Rêverie*,
  recueillis à l'hôtel Drouot par M. Maciet. Ce plafond a été offert par lui au Musée des Arts Décoratifs et les deux panneaux donnés au Musée du
  Luxembourg.

1896 — Décoration de l'église de l'hôpital Cazin-Perre-
  chaud, à Berck, et esquisse à l'aquarelle d'un
  chemin de croix demeuré inachevé.

1898-99 — Décoration de l'église de l'hôpital de Cazin-Perrochaud, à Berck-sur-mer, et esquisse à l'aquarelle
  d'un chemin de la croix demeuré inachevé.

1900 — L'*Ile heureuse* pour le Musée des Arts Décoratifs à
  Paris.

Exposition de 1900 — Décoration du stand des *Parfums* pour la maison Pivert. Se trouve roulée aujourd'hui dans l'atelier de l'artiste.

1901 — Décoration d'un piano pour M. le baron Vitta, et, pour le même amateur, d'un salon : fruits, fleurs, etc. *Villa Sapinière* à Evian.

La *Montagne*, panneau décoratif pour M. Richard Bouwens, 8, rue de Lota, à Paris.

Vers 1904 — Panneau décoratif pour le pavillon de l'une des sources à Évian.

Vers 1906 — Salle à manger de M. Rouché, rue d'Offémont, à Paris : panneaux et dessus de porte.

1908 — Ambassade de Vienne, plafond.

1910 — Coupole du Petit-Palais : La *Matière*, la *Mystique*, la *Pensée*, la *Plastique*.

1911 — Plafond de la Comédie-Française, inauguré en 1913.

1913 — Palais de la Paix à la Haye (doit être maroufié en 1914).

Les cartons pour vitraux sont très nombreux. Citons entre autres le plafond lumineux pour l'Exposition de Venise, les cartons pour l'École de Pharmacie, pour M. Denys Cochin, M. Henri Lerolle, M. Alexandre André, pour Bing et pour Tiffany. Ils ont presque toujours été exécutés par l'excellent verrier Carot.

ŒUVRES CONSERVÉES DANS LES MUSÉES

Musée du Luxembourg : La *Femme qui se chauffe*, 1887 ;
Port d'Alger, 1894.
Pensée 1896 ; *Rêverie*, 1896 ;
Une boutique à Madurah, 1912 ;

Réserves de l'État : les cartons de Berck.

Petit Palais de la Ville de Paris : portrait de Francis
Magnard ; les cartons de la *Maladie* et de la *Convalescence*, de l'école de Pharmacie.

Lyon : *Jésus et la Samaritaine*, carton pour une église
d'Angleterre.

Rouen : un *Dos de femme nue*.

Nîmes : *Après la Défaite* (œuvre de jeunesse).

Grenoble : *Une Tête de femme* (pastel).

Rome : *Le Portrait de M*^me^ Besnard, 1904.

Venise : *La Femme aux rhododendrons*.

Florence (palais Pitti) : *Le Portrait de l'artiste et de sa
femme*.

Bruxelles : *Les Cariatides*.

Lisbonne : *Le Matin* (femme nue et satyre qui la regarde dans un paysage).

Copenhague : *La Sirène*.

Dusseldorf : *Le Portrait de M*^me^ Armand Dayot.

ALBERT BESNARD

A LONDRES, en 1881-82-83 : *Sir Bartle Frère*, gouverneur du Cap. — *L'Amiral Sir Edmund Commeroll*, dans une embarcation. — *Général Sir Garnett Wolseley*, debout près de son cheval.

EN FRANCE : *M. Barrère.* — *M. Denys Cochin.* — *M. Bihourd.* — *M. Dubar.* — *M. Cognacq.* — *M. Sauer*, etc.

Mme *Roger Jourdain*, 1886. — Mme *Besnard*, 1904. — *Princesse Mathilde.* — Mme *Duruy*, 1885. — *Portrait de famille*, 1888. — *La femme en jaune* (Mme BARDET, née GORGES). — *Réjane*, 1898. — Mme *Denys Cochin.* — Mme *Lisle.* — Mlles *Dreyfus*, etc...

Environ 3oo pastels et 120 planches gravées. (La série de *la Mort* appartient au baron Vitta.) Une soixantaine d'aquarelles et une cinquantaine de tableaux à l'huile parmi lesquels on peut citer : *La Danse espagnole.* — *La Cascade.* — *Le Marché aux chevaux en Algérie.* — *Le Marché aux chevaux à Abbeville.* — *Tableau de famille.* — *La Confirmation à Berck.* — *Léda.* — *Lacustres.* — *Les Cygnes.* — *La série des Indes*, etc.

DESSINS

Outre les cartons pour œuvres décoratives et les dessins pour portraits exposés en 1910 au Musée des Arts décoratifs, il faut citer 7 carnets du voyage aux Indes contenant environ 270 dessins.

Besnard a visité la Belgique et la Hollande en 1874 et le Danemark un peu après. Le voyage d'Espagne est de 1890 et celui d'Algérie de 1894. Il a visité l'Allemagne en 1905 et Vienne peu de temps après.

Le voyage en Égypte est de 1910 et le voyage aux Indes de 1910 et de 1911.

Élu membre de l'Académie des Beaux-Arts, en 1911, en remplacement de M. Jules Lefebvre, il a pris possession du poste de Directeur de la Villa Médicis, à Rome, en octobre 1913.

GASTON LA TOUCHE

ŒUVRES DÉCORATIVES

1895 — *Apothéose de Watteau*, détruit par l'auteur.
Le Printemps, *l'Été*, *l'Automne*, *l'Hiver*, panneaux
décoratifs pour la salle des Délibérations de la
Mairie de Saint-Cloud. Commande du Ministère
des Beaux-Arts.

1896 — Essai d'un ensemble décoratif, en collaboration
avec MM. Dubufe, Montenard, Rosset-Granger,
Agache et Guignard.

1897 — *Allégorie de la Paix*, Mairie de Saint-Cloud.
L'Hiver, panneau décoratif appartenant à Mme la
Comtesse Récopé.

1898 — *Les Jardins de Versailles*, deux panneaux pour le
palais de l'Alliance française, à Constantinople.

1901 — *La rue des Nations à l'Exposition de 1900*, appartenant à M. Charbonneau, de Reims.

1902 — *L'Aube*, petit panneau décoratif exécuté pour le fond
du lit de Mme X..., appartenant aujourd'hui à
M. Hoffmann, à Strasbourg.

1903 — *La Jeunesse, la Grâce,* grands panneaux décoratifs marouflés dans le Salon de l'Hôtel Alexandre André, rue d'Anjou, à Paris. — Un dessus de porte, dans le même salon, est intitulé *Espièglerie.*

1905 — *Le souper dans un parc,* panneau décoratif pour M. Pathé, à Vincennes.

1906 — *Les quatre Saisons,* quatre petits panneaux décoratifs pour le salon de M. O. de Sailly, rue d'Anjou, à Paris.

La Fête chez Thérèse, frise décorative marouflée dans la maison de M. Edmond Rostand à Cambo. — Dans la salle à manger, en 1908, ont été marouflés quatre dessus de porte.

Voyage de noces dit aussi *Le Carrosse rouge,* dans le château de M. Bunau-Varilla, à Orsay.

L'Été, panneau décoratif pour la salle à manger de M. Halle, à Pittsburg.

La fête de nuit, pour le Palais de l'Élysée (appartient au musée du Luxembourg).

1907 — *Bonté d'âme, Désir de plaire, Tendresse de cœur, Amour maternel,* marouflés dans le salon ovale du Ministère de l'Agriculture.

1908 — *Fête espagnole,* panneau décoratif, chez M. Autant, 24, rue de Pomereu, à Paris.

1909 — *Les Baladins,* panneau décoratif en trois parties dans le hall de l'Hôtel d'Iéna, avenue d'Iéna, à Paris.

1909 — *Théâtre de Verdure*, panneau décoratif pour l'escalier du grand hall de la maison Mercier frères.

1910 — *La Riposte* (baigneuses se jetant de l'eau et des fleurs) pour le château de M. Eugène Renevey, à Saint-Florent-du-Cher.

Le poète, *Le peintre*, *Le sculpteur*, *Le musicien*, commande de l'État pour le Ministère de la Justice.

1911 — *L'heure heureuse*, panneau décoratif pour la bibliothèque de M. Max-Dougall Hawkes, à New-York.

Plafond de salle à manger et *panneau pour l'escalier* maroufflés dans le paquebot *France* des Transatlantiques.

Le Gué (*Carrosse rouge*), pour le vestibule de M. Chouanard, avenue Montaigne, à Paris.

1912 — *La Douane*, panneau décoratif sans destination.

Le Temple de l'Amour, panneau décoratif pour la bibliothèque de M. Charbonneau, à Reims.

Le bain de Diane, panneau décoratif sans destination.

Les quinze pointes sèches de grand format pour l'*Assommoir* étaient enfermées dans une couverture grise où était représenté le cabaret de Coupeau. Cette chemise porte le millésime de 1879 et le nom d'éditeur : Veuve Cadart, boulevard Haussmann, à Paris.

Le second livre qu'ait illustré M. La Touche porte pour titre : *Chansons de Saintonge*. Ces chansons avaient été recueillies par le frère de Mme La Touche : M. Eugène

Renevey et par M. Daniel Bethmont. L'illustration se compose de 31 compositions en couleurs et d'un frontispice. Elles ont été exécutées en 1910. Le livre, édité aux « dépens de deux amateurs », fut tiré à 125 exemplaires et parut en 1911. Ces gravures en couleurs (dont les planches furent détruites après tirage) sont extrêmement jolies.

Le troisième livre illustré par M. La Touche : *Aux Flancs du vase*, par Albert Samain, a été édité en 1906 par la « Société du livre d'art. »

Un quatrième volume : *On ne badine pas avec l'Amour*, illustré en couleurs pour une autre société de bibliophiles, n'a pas encore paru. Il en est de même pour : *La Sandale ailée*, de M. H. de Régnier, qui a été laissée inachevée.

ŒUVRES CONSERVÉES DANS LES MUSÉES

MUSÉE DU LUXEMBOURG : *Fête de nuit*, 1906 ;
    Un bassin de Versailles, 18..
    Bracquemond et son disciple (Gaston La Touche), Salon de 1908.

MUSÉE DE LA VILLE DE PARIS (Petit-Palais) : *Un conte de fées*, *Un bassin de Versailles*.

MUSÉE D'ALENÇON : *Noël*, triptyque, 1885.

MUSÉE DE LA ROCHE-SUR-YON (femmes et enfants dans les fleurs) ;
    Première Communion, 1889.

MUSÉE DE ROUEN : *Décembre* (paysans sur une route marchant contre le vent 1888).
    Le Champagne, 1907.

Musée de Loches : *Sous la pluie*, 1895.

Musée de Tourcoing : *L'Enfant Prodigue*, 1911.

Musée d'Oran : *La Jeunesse*, 1913.

Rome (Galerie Nationale) : *Bal masqué*.

Musée Municipal de Venise : *La guerre* (aquarelle), 1900.

Musée de Budapesth : *Les Sonneurs*, 1900.

Musée de Brighton : *Les Cygnes*, panneau décoratif, vers 1900.

Musée de Magdebourg : *La Charité Chrétienne*, 1894 petit tableau qui représente le Christ, des anges et des pauvres dans une étable.

Musée de Sidney : *L'Accouchée*, 1888.

Krefeld (musée Kaiser Wilhem), *L'Après-midi d'été*, 1907.

Musée de Barcelone : *La jeune Mère*, 1911.

Musée de Buenos-Ayres : *Le Carnaval*, 1908.

Chicago (Art Institut) : *Le Matin*, 1905.

Musée de Philadelphie : *La commode de laque*, 1902.

LISTE ÉNUMÉRATIVE

DES ENVOIS A LA SOCIÉTÉ NATIONALE
(Fondée en 1889)

1890 — *Les Pivoines*. — *Les Phlox*. — *Portrait de ma Mère*. — *Un Jour de fête*.

Pointes sèches originales : *Les Esprits des ténèbres*. — *Vieillard*. — *Grand'mère*.

1891 — *Après le bal. — La Nursery. — L'Enfant au chat. — Paysage de Saint-Cloud. — Incompris* (appartenant à M. X...). *— Marine à Saint-Paër. — Les Coteaux de Suresnes. — Le Haut-Mont-Sel-Genêts.*

1892 — *La Sainte Cène. — Lever de lune sur la mer. — Aide-maçon portant un sac de plâtre. — Le Rêve du Dante. — Le Goûter. — Aide-maçon portant l'auge.*

1893 — *Chagrin d'amour. — Le Mail. — Le Chaume. — L'Agonie. — L'Orage. — Avant l'Orage. — Le Soir. — La Bénédiction. — Étude. — Communion bretonne.*

1894 — *Les Amoureux. — Vague de l'Océan. — Le Logis de la Belle au Bois dormant. — Le Chasseur de bécasses. — Jeune Mère. — La Belle au Bois dormant. — Le 2 septembre 1870. — Charité chrétienne :*

> « 35/ Car j'avais faim et vous m'avez réconforté.
>
> « 36/ J'étais nu et vous m'avez couvert ».
>
> St Mathieu, ch. XXV.

1895 — *Apothéose de Watteau. — Le Printemps* ou *les Fleurs. — L'Été* ou *le Bain. — L'Automne* ou *la Chasse. — L'Hiver* ou *le Bal.* — Suite des *Quatre Saisons* commandée par le Ministère des Beaux-Arts.

1896 — *La Ronde. — La Vasque. — Les Pillards. — Le Pèlerinage breton. — La Barque. — Réunion de Portraits.*

1896 — *A Capri* : panneau décoratif, essai de décoration d'ensemble exécuté par MM. Dubufe, Montenard, La Touche, Rosset-Granger.

1897 — *La Pêche.* — *La Rentrée au port.* — *La Chair*, appartenant à M. Renevey. — *Allégorie de la Paix*, panneau décoratif pour la Mairie de Saint-Cloud.

1898 — *Les Tentations.* — *Les Emplettes.* — *La Messe.* — *Le Potiron.* — *Le Liseur.* — Tableau de famille exécuté pour une jeune fille en souvenir de sa première communion. — *Aquarelles* : Portrait d'un peintre. — Étude pour les Tentations.

1899 — *Les Sonneurs.* — *Souvenir de Versailles* (appartenant à Mme Rachel Boyer, de la Comédie-Française). — *Printemps.* — *La Barque* (appartenant à M. Louis de Bary). — Études dans le parc et dans le château de Versailles.

1900 — Pas de salon. Envois à l'Exposition universelle.

1901 — *L'Élévation* (appartenant à Mme de G...). — *La Partie joyeuse* (appartenant à M. Félix Gérard). — *Matin d'Automne* (appartenant à M. Étienne Boussod). — *L'Or du Rhin.*

1902 — *Le Bal masqué* (appartenant à MM. Boussod, Valadon et Cie). — *La Commode de laque.* — *Le Souper après le bal* (appartenant à M. Georges Petit). — *L'Aube* (Petit panneau décoratif exécuté pour le fond du lit de Mme X...).

1903 — *La Descente de croix* (appartenant à M. Georges Petit). — *Portraits* (panneau décoratif appartenant à M. X...) — *Le Salon rouge.* — *Le Salon vert.* — *La Jeunesse* (panneau décoratif appartenant à M. A. André). — *La Grâce* (panneau décoratif appartenant à M. A. André).

1904 — *La Fille des faunes.* — *Souvenir d'Espagne.* — *Le Murmure du ruisseau.* — *L'Étreinte* (appartenant à M. Goerg). — *Théâtre-Concert.*

1905 — *L'Alerte.*—*Partie champêtre* (appartenant à Mme Y...). — *Le Charme.* — *La petite Marquise* (appartenant à M. Émile Chouanard. — *La Bourrasque.* — *L'Heure dorée* (appartenant à M. Émile Chouanard.

1906 — *Le Bain.* — *Le Voyage de noces.* — *Le Couloir.* — *Le Singe.* — *La Fête de nuit* (panneau décoratif pour le salon du buffet diplomatique du Palais de l'Élysée).

1907 — *Le Désir de plaire.* — *La Bonté d'âme.* — *La Tendresse de cœur.* — *L'Amour maternel* panneaux décoratifs exécutés pour le salon ovale du Ministère de l'Agriculture. (Ce salon fait partie de l'ancien hôtel construit par Mme du Barry et sert de salle de réception à la femme du Ministre).

1908 — *Bracquemond et son disciple* (portraits).

1909 — *Théâtre de verdure* (panneau décoratif pour l'escalier du grand hall de la maison Mercier frères). — *Scène de Carnaval* (appartenant au Dr Carlos Madariaga). — *La Marchande d'Amours.* — *Le Pont des Arts* (paysage parisien).

1910 — *Le Poète.* — *Le Peintre.* — *Le Sculpteur.* — *Le Musicien* (panneaux décoratifs commandés par l'État pour un salon des appartements de réception de l'hôtel du Ministère de la Justice, place Vendôme.

1911 — *L'Heure heureuse* (panneau décoratif pour la bibliothèque de M. Mac Dougall-Hawkes, à New-York). — *L'Innocence.* — *L'Enfant prodigue.* — *Le Gué* (panneau décoratif exécuté pour le vestibule de M. Chouanard).

1912 — *La Cible.* — *La Tentation de Saint-Antoine.* — *La Fortune en détresse*, appartenant à M. Ralph King à Mentor (Ohio).

1913 — *La Leçon d'Anatomie*, appartenent à M. Witney, à New-York.
La Jeunesse (Musée d'Oran).
La Nuit joyeuse.

Le premier envoi au salon des Artistes Français date de 1869, c'était une aquarelle. Il fut refusé, et les autres envois le furent aussi constamment à la section de peinture, jusqu'en 1882. On se rappellera, qu'en 1869, M. La Touche avait quinze ans.

JULES CHÉRET

JULES CHÉRET

1904 — Cartons pour un meuble de salon tapisserie composé de deux canapés, six fauteuils, un paravent de quatre feuilles (Les quatre saisons), et un écran.

1911 — Un salon commandé par l'État et comprenant : une tenture de quatre tapisseries consacrées aux *Saisons : Les roses, Les blés, Les pampres, Les houx ;* huit chaises, quatre fauteuils, un écran, un paravent. Huit chaises dont les motifs (figures en camaïeu et guirlande de fleurs), correspondent à l'ornementation de chacune des tapisseries.

Quatre fauteuils dont les ornementations (figures et guirlandes) réunissent les motifs décoratifs de deux saisons.

Un écran (deux figures en camaïeu entourées de roses, de marguerites et de roses trémières).

Un paravent en quatre feuilles.

Affiches : On trouvera dans le catalogue dressé par M. Beraldi la liste énumérative et la description d'environ quatre cents affiches de Jules Chéret.

ŒUVRES CONSERVÉES DANS LES MUSÉES

Musée du Luxembourg : Peinture, Pastel, Dessin.

Musée de la Ville de Paris : (Petit-Palais) Projets à l'aquarelle de la décoration de l'Hôtel de Ville.

Musée des Arts décoratifs : Cartons.

Musée des Gobelins : Cartons.

Musée de Lyon : Pastel.

M. Jules Chéret a exécuté, d'après nature, plus d'un millier de dessins : crayons noirs et sanguines. La galerie de M. le baron Vitta, à Paris et Évian, renferme de nombreux dessins, pastels et peintures à l'huile, exécutés de 1900 à 1913.

PAUL BAUDOÜIN

ŒUVRES DÉCORATIVES

1882 — Foyer du théâtre de Rouen : *Histoire de la musique*.

1883 — Frise décorative : *Histoire du blé* commencée en 1879, et terminée en 1892. École Dombasle à Paris.

1884 — Escalier du château de M. Boivin-Champeaux à Bernay, dans l'Eure : *Paysage de printemps avec des troupeaux et une gardeuse de moutons*.

1886 — Salle des mariages (Mairie de Saint-Maur-les-Fossés (Seine).

1890 — Salle des mariages d'Arcueil-Cachan (Seine).

1894 — Décoration de l'escalier de la Bibliothèque de Rouen : *Histoire de l'écriture*.

Décoration du vestibule du lycée Joyeuse à Rouen : *Étude*. Toile marouflée.

1896 — Décoration de la grande salle des fêtes dans l'Hôtel de Ville de Rouen : *Histoire de Rouen*. Peint sur plâtre.

1897 — Chambre de commerce de Rouen : plafonds du salon du Président et de la Bibliothèque : *La Seine et ses affluents.*

1898 — Pour l'Hôtel de Ville de Paris, panneau décoratif : *Le Soir à Paris.* A été transporté ailleurs par les Services municipaux.

Première fresque, exécutée dans la cour du lycée de Rouen, en plein air et en plein midi. Demeurée intacte.

Pour la salle de gymnastique un panneau décoratif : *Femmes donnant des couronnes.*

1901 — Dans le tympan de l'immeuble d'une société d'assurances, passage de la Cour des Comptes à Rouen, une peinture à fresque : *L'Arbre de Vie.*

1902 — Bourse du travail à Rouen, *fresques* exécutées sur deux grands pylônes de 14 m. de hauteur : *Les Métiers de la Force* et *Les Métiers de l'Intelligence.*

1903-1904 — Décoration à fresque depuis la plinthe jusqu'à la voûte (1.400 mètres de superficie) d'une église à Fontaines, près Bolbec, en Normandie, construite par M. Desgenétais sur les plans de M. Navarre, architecte : *Les fêtes catholiques,* avec toute une décoration appropriée.

1904 — Fresques dans le vestibule et le salon de l'Hôtel de M. Haunou à Bruxelles.

1905 — Fresque dans la salle à manger de la maison de l'artiste, à Vascueil, en Normandie.

1906 — Dans la salle à manger du château d'Emalleville*
appartenant à M. Duméril, près Évreux : *Les
Saisons*.

1906 — Panneau décoratif, peint à l'huile, dans la salle des
fêtes de la mairie du XI⁰ arrondissement, à
Paris.

1906-1910 — *Décoration à fresque* de la cour du Petit-Palais.

1912 — Fresque à l'extérieur du musée d'art normand à
Rouen (ancienne église Saint-Laurent).

ŒUVRES CONSERVÉES DANS LES MUSÉES

MUSÉE DU LUXEMBOURG : une Fresque.

MUSÉE DE LA VILLE DE PARIS (Petit-Palais) : Fresque et dessins.

MUSÉE DE ROUEN : Cartons et dessins.

TABLE

TABLE

IMPRIMERIE DE SAINT-DENIS. — Vᵉ BOUILLANT ET J. DARDAILLON. — 1922.